U0003545

World as a Perspective

世界作為一種視野

Stato di eccezione

例外狀態

聖／牲人，二之一
Homo sacer, II, 1

喬吉歐·阿岡本
──著

薛熙平
──譯

Giorgio
Agamben

中譯說明

1. 相對於二〇一〇年由麥田出版的繁體中文本，以及二〇一五年由中國西北大學出版的簡體中文本，這個新的譯本是直接根據義大利文原著（Bollati Boringhieri, 2003）重新翻譯而成。同時也在翻譯過程中參考了英譯本：*State of Exception,* trans. by Kevin Attell, University of Chicago Press, 2005。

2. 本書中的所有注腳皆為譯注。

3. 原著中所引用的拉丁文或其他外文，若作者未翻譯時，主要參照英譯本所提供之翻譯進行中譯。

4. 原著中部分古羅馬人名的拼法、古希臘文的拼法、以及古典文獻的標示方式與英語世界的通用方式有所不同（例如羅馬元首奧古斯都的原著拼法為 Augusto，而非 Augustus）。為方便讀者進一步查閱相關資訊，一律參照英譯本改為英語世界的慣用方式。

5. 於頁側一併附上義大利文原著頁碼。

目 次

新版譯者序

薛熙平

　　「例外狀態」在疫情期間成為一個關鍵字。或許本書的重新出版可以幫助我們重新省思過去三年來所經歷的一切，並為逐步迫近的下一個危機預作準備／超前部署。

　　當二〇二〇年初新冠肺炎爆發時，我國雖然沒有透過總統緊急命令正式宣告「緊急狀態」，但藉由中央疫情指揮中心的一級開設、指揮官的任命授權、以及各種防疫措施的迅速實施，我們確實經歷了一段將近一千二百天、程度不一的「例外狀態」。[1]在二〇二一年五月到七月的三級警戒期間，臺灣進入了最嚴格的「準封城」階段，儘管尚未達到全面禁止非必要外出的程度。相對於此，在大部分的時候，一般民眾的行動自由並未受到太多的限制，即便仍有別於往常。我們開始習慣一種「新常態」：出門戴口罩、減少外出用餐聚會、居家辦公／遠距教學／線上會議、簡訊實聯制，以及後期大量頻繁的快篩、確診與居家隔離。就此而言，相對於「緊急狀態」所凸顯的事實上的急迫威脅，「例外狀態」或許更能夠指明我們所身處的弔詭情境：未必「緊急」，卻仍非「正常」，且逐漸模糊了與後者的區分——也就是所謂的「例外狀態常態化」。回頭來看，**臺灣的成功之處或許在於我們相當程度守住了最嚴重的緊急狀態，然而，代價則是超前部署與持續延長的例外狀態。箇中關鍵無非在於「必要性」的判斷**：入境的條件、接觸者的範圍、解隔的標準……。如本書所提示的，作為例外狀態之基礎的必要性／迫切性（necessity）

1　關於疫情初期兩岸與世衛的防疫反應，兼具田野與歷史深度的分析反思可見劉紹華，《疫病與社會的十個關鍵詞》（臺北市：春山出版，2020）。

概念絕非一個單純的事實描述，而總是涉及到主觀的價值判斷：多高的傳染率或重症／死亡率算是「過高」？與工作權和自由權的限制之間如何權衡？進一步而言，若如施密特（Carl Schmitt）的名言——誰決定例外狀態，誰就是主權者——那麼所有這些基於「防疫之必要」所發布的例外措施是由誰決定、又是如何決定的呢？如果必要性並非單純的客觀事實，那麼在學者專家、政府官員、民意代表和一般民眾之間，究竟應該如何「共同」決定，才算仍然堅守「主權在民」與權力分立的民主憲政體制，而未在例外狀態中搖身一變成為專制或獨裁國家呢？最終而言，如果「例外」的定義就是對於「原則」的偏離或懸置，那麼在例外狀態中究竟是否仍然存有某些無論如何都必須遵守的憲政基本原則，某些絕對不容侵犯的人權核心？這些環繞著例外狀態所展開的問題意識，在這次疫情中無不更加鮮明地浮現。而本書所提供的，正是一場具有歷史縱深的思辨之旅。

　　本書原著出版於二〇〇三年，迄今正好二十年。當時正值反恐戰火熾熱之際，以美國為首的多國部隊不顧聯合國安理會的多數反對，以虛構的「海珊（Saddam Hussein）政權持有大規模殺傷性武器」為由向伊拉克出兵，開啟了備受爭議和譴責的第二次波灣戰爭。本書對於布希（George W. Bush）政府對內懸置憲法、對外違反國際法的雙重例外策略提出了強烈的批判，也讓作者站上了新世紀歐陸批判思想界的頂峰。然而，時光流轉，他在這次疫情之初再度爆紅，卻是惡名遠播。在二〇二〇年二月二十六日義大利《宣言報》

的一篇題為〈由一場沒來由的緊急狀態所引發的例外狀態〉的投書中，他對義大利政府所採取的嚴格廣泛的防疫措施提出了嚴厲的批判。[2] 依據該「法律命令」（decreto-legge，類似我國的緊急命令），只要任何一個城市或地區出現了一名不明傳染源的確診者，或是其並非來自於已知的疫區，該城市或地區就必須封城：禁止人員進入或離開該區、禁止任何集會、關閉學校等等。然而阿岡本引述義大利國家研究院（Consiglio Nazionale delle Ricerche, CNR）的報告指出，當時「義大利並沒有 SARS-CoV-2 的疫情」，並且依據當時的流行病學資料，輕、中症約占 80-90%，估算大約只有 4% 的病患需要進入加護病房。因此他認為這不過只是一場流感，政府的防疫措施顯然不合比例。而他真正的關切則在於分析這樣的非常措施竟然可被採納的原因：首先是例外狀態本已日益成為政府治理的常態典範；其次則是深植人心的不安全感，而政府一方面激發人們心中的安全欲望，一方面順理成章地採取各種安全措施加以滿足。因此在反恐熱潮消褪後，「一場疫情的發明」無疑提供了延展例外治理的絕佳理由。[3]

2　Giorgio Agamben, "Lo stato d'eccezione provocato da un'emergenza immotivata," *Il manifesto*, Feb. 26, 2020. https://ilmanifesto.it/lo-stato-deccezione-provocato-da-unemergenza-immotivata. 後來發表在部落格和論文集中的標題改為〈一場疫情的發明〉（L'invenzione di un'epidemia）。英譯可參考 "Coronavirus and Philosophers," *European Journal of Psychoanalysis*. https://www.journal-psychoanalysis.eu/articles/coronavirus-and-philosophers/.

3　關於疫情前期阿岡本和其他批判思想家的觀察反思可參考黃涵榆，〈新冠肺炎下的生命政治思想論戰〉，收錄於氏著《閱讀生命政治》（臺北市：春山出版，2021），頁 333-346。蕭育和，〈大疫之年的生命政治哲學反

　　純就當時的統計數字而言，阿岡本的確有理由質疑政府防疫過當，儘管後來的發展顯示 CNR 的報告顯然低估了新冠病毒的殺傷力。[4]問題在於隨著疫情迅速延燒，阿岡本的批判火力也未曾稍弱，而是變本加厲地幾乎反對所有的防疫措施：從居家令、強制戴口罩、保持社交距離，到線上教學、施打疫苗、發行「綠卡」（疫苗護照）。[5]**於是真正的爭議似乎已不再是風險的正確評估，而是生活方式的選擇，對於「生命安全」（biosecurity）治理技術的全面抵抗。**在二〇二一年十月七日面對義大利參議院憲法委員會的視訊演說中，阿岡本彷彿成了反疫苗運動的代言人。[6]然而仔細閱讀他的講稿，他所反對的其實並非疫苗本身，而是政府透過發行疫苗護照（Greenpass）「強迫」人民接種的做法。儘管並非「強制」施打，但無法出示護照者將無法參加大型活動（如婚禮）、到餐廳用餐、搭乘長程運輸工具、進入大學上課，乃至於當時參議院正在審議是否

　　思〉，《哲學與文化》第 48 卷第 6 期，2021 年 6 月，頁 199-202。前者書中並有專章深入討論阿岡本的主權、裸命、生命政治等重要概念。

4　二〇二〇年二月二十五日義大利的累計確診數為 323 人，死亡 11 人，死亡率 3.4%。而到三月底時，累計確診數來到 10 萬 6533 人，死亡 1 萬 2480 人，死亡率 11.7%。資料來源：Worldometer, https://www.worldometers.info/coronavirus/country/italy/。

5　相關評論詳見他在 Quodlibet 出版社的部落格：https://www.quodlibet.it/una-voce-giorgio-agamben。二〇二〇至二〇二一年初的文章亦有集結成書，英譯本：*Where Are We Now: The Epidemic as Politics*, second updated edition. Trans. by Valeria Dani, ERIS, 2021.

6　演講影音：https://www.youtube.com/watch?v=03Xm7ibYXMU。講稿原文及英譯：https://lenabloch.medium.com/giorgio-agambens-speech-to-the-commission-on-constitutional-affairs-of-the-senate-october-7-2021-15ba7ddf2955。

追認的最新法律命令：不得到工作場所上班。[7]對此阿岡本首先指出先前法律命令中的內在矛盾：在疫苗並未通過完整試驗就緊急上市的情況下，該命令一方面明文排除負責施打的醫護人員可能必須承擔的過失殺人與傷害罪責，另一方面卻又要求個人負起打疫苗的公民責任。[8]其次，拒絕打疫苗的人民將淪為「次等公民」，被排除於社會與經濟生活之外。最後，他的核心關切其實在於疫苗護照作為一種治理裝置本身：相對於政府和公衛專家所宣稱的，發行護照的主要目的是為了提升疫苗施打率，他認為正好相反：是藉著必須打疫苗才能獲得的各種通行權來迫使人民下載電子護照，將個人的行動軌跡完全暴露於國家的監控之中。他因此提醒參議員們意識到這個憲政／治理典範正在潛移默化的鉅變：在憲法條文隻字未改的情況下，真正的立法權已不再歸屬於代表人民的議會，而個人自由則為集體的「生命安全」所取代。

透過上述對於阿岡本在這次疫情中最具代表性的兩次公開發言的綜整摘要，我們或許可以嘗試比較持平地、在疫情過後進行有層次的理性反思，而非直接將他基進的哲學思考與現實判斷的盲目偏執畫上等號，進而嘲諷鄙棄之。首先，在「是否」應該採取某種防疫措施的具體判斷上，基於事實資料的掌握程度和對於多數民眾價

7　關於義大利的疫苗護照參見 Wanted in Rome 的介紹：https://www.wantedinrome.com/news/green-pass-all-you-need-to-know-about-italys-digital-covid-cert.html。

8　二〇二一年四月一日公布的法律命令第四十四號，其中免除施打疫苗之醫護人員刑責的第三條被稱之為「刑事盾牌」（scudo penale）。

值選擇的尊重，筆者對於阿岡本的許多主張也不敢苟同。然而在第二個層次、也就是「如何」實施的問題上，基於對個人主體性的最大尊重，如何仍然盡可能地維護個人隱私與自我決定的空間，避免政府監控權力的過度擴張，便依然是自由民主憲政的重要關切。而在這裡阿岡本所忽略的是在具體治理裝置的設計上進行衡平的可能性：以義大利的 Greenpass 為例，實際上也包含了提供快篩陰性證明的替代選項，以及領取紙本護照的選擇。換言之，不願施打疫苗、不願留下電子紀錄的人民基本上仍然可以享有通行和工作的「同等權利」，而不致淪為次等公民。最後，我認為阿岡本疫情評論最重要的意義其實在於第三個層次：揭示自由民主政體透過「例外狀態」與「生命安全」的治理部署所持續發展中的「鉅變」。[9] 就此而言，他廣受批評的納粹類比固然有極為不當之處（例如將未施打疫苗的人比擬為配戴著虛擬的黃色猶太之星），但從包含了意識形態、法律技術與監控機制的整體治理部署的角度而言，他的分析確實具有值得我們警惕反思之處。

首先，在監控機制上，我們在疫情中已經進化到了晶片健保卡的資訊串流、手機定位的電子圍籬、簡訊實聯制、社交距離 APP 等治理裝置的突破創新，並正朝向數位身分證和更廣泛的智慧型手機運用邁進。其次，就法律技術來說，在並未發布緊急命令的情況下，透過「防疫紓困條例」第七條和《傳染病防治法》第三十七條

---

9 他以此比擬博蘭尼（Karl Polanyi）所描繪的由工業革命與市場經濟帶來的現代社會的鉅變（great transformation）。中譯本：《鉅變：當代政治、經濟的起源》，黃樹民譯（臺北市：春山出版，2020）。

的運用，[10]我們同樣實質上突破了作為法治國基石的法律保留原則。亦即，透過常態法和特別法中概括條款的運用，讓行政機關得以採取其認為必要的一切措施，而毋須再得到國會立法的具體授權。最後，在意識形態上，「生命安全」在多大程度上已被無限上綱而凌駕一切其他價值，又在多大程度上成為主權者的決斷對象？我們要如何理解 SARS 期間的「和平」封院，這次疫情前期的嚴格封鎖、強力追蹤與漫長隔離，以及後期的「與病毒共存」（如何區別於對高風險族群的「任其死」），這三者之間價值衡量的標準？生命政治（biopolitics）是否必然涉及對於生命價值的決斷、對於生存資源的分配？若是，那麼該如何決定、由誰決定（如首輪疫苗的施打順位）？而即便生命政治是我們必須面對的現實、活著作為自由的前提，**但是否也正是不惜冒著生命危險也想要守護追求的價值，賦予了人的生命超越生存的勇氣與活著的意義？**若非如此，我們將不會有站在第一線接送治療確診者的醫護警消，也不會有自願入伍的軍人，和用生命衝撞威權體制的鬥士。若非如此，也就不會有我們今天還倖存的自由民主社會。

　　如果例外狀態和相應而生的緊急權力總是意味著更多的獨裁、更少的自由，那麼對於一個自由民主政體而言，一個重要的關鍵就

---

10 《嚴重特殊傳染性肺炎防治及紓困振興特別條例》第七條：「中央流行疫情指揮中心指揮官為防治控制疫情需要，得實施必要之應變處置或措施。」《傳染病防治法》第三十七條第一項第六款：「地方主管機關於傳染病發生或有發生之虞時，應視實際需要，會同有關機關（構），採行下列措施……六、其他經各級政府機關公告之防疫措施。」

在於例外狀態要持續多久，以及在其中誕生的緊急權力是否在例外狀態終止後就真的完全解除。例外狀態的確是一場生命政治的臨床實驗，考驗著生命─政治共同體的人性與韌性，挑戰著人權的底線和治理的極限。**在這個意義上，例外狀態乃是不成文的「憲法時刻」：憲法條文「原封不動」，但憲法的實質支配和實踐意涵則經歷著劇烈的重構。**[11] 就如從威權到民主的轉型（那長達三十八年的戒嚴例外狀態），不可能只是宣告解嚴和廢止臨時條款就一蹴可幾。而轉型正義本身既是民主鞏固與深化的考驗，也在某種程度上構成了另一種挑戰法治原則的例外狀態。[12] 因此儘管防疫例外狀態已經結束，這場實地進行的生命政治實驗結果仍然有待所有的學科專家和每一個公民仔細判讀。對於這段經驗的反思將決定例外是否真的只是例外，還是將成為新的日常，成為「鉅變」的關鍵閾界。亦如阿岡本所關切的，數位化的「社交距離」（social distancing）是否將進一步改變人與人之間的互動方式：[13]「連結」取代「接觸」、線上取代「實體」、人工智慧取代人的智慧、臉書取代臉（和書）？而這在多大程度上將全面改變我們的經濟交易、社會交往與政治行

11　進一步的討論可參考薛熙平，〈在例外與法治之間：緊急狀態理論思辨與新模式的建構〉，《臺大法學論叢》第 52 卷第 4 期，2023 年 12 月。

12　如司法院釋字第七九三號大法官解釋關於黨產條例合憲性的爭點整理所列，該條例具有多個違反憲政法治原則的疑慮，包含憲法保留、獨立機關設置原則、權力分立、個案立法禁止、法律明確性、禁止溯及既往和比例原則等等。但最終該號解釋認為相關爭點全部合憲。參見憲法法庭網站：https://cons.judicial.gov.tw/docdata.aspx?fid=100&id=310974。

13　G. Agamben, *Where Are We Now,* pp. 9-10, 31-22, 86-87.

動的方式，也就是我們的「生命形式」（form-of-life）？如果這是一個不可逆的進程，那麼我們是否仍有可能將其導向一個比較好的未來？

　　以上所呈現的都是由國家權力所發動、對於社會生活進行全面控制的「例外狀態」。然而阿岡本在本書中還提出了另一種相抗衡的例外狀態，並援引班雅明（Walter Benjamin）的說法稱之為「真實的例外狀態」。如同朱元鴻教授在本書的精采書評中指出的，阿岡本在他的第一本政治哲學著作《將來的共通體》（*La comunità che viene*, 1990）的最終章〈天安門〉所提示的，正是兩種例外狀態的針鋒相對：一九八九年追悼胡耀邦所引發的學潮、四二七大遊行和占領天安門廣場，這是群眾自發生成的例外狀態；相對於此，五二〇的戒嚴、六四的血腥清場和後續的鎮壓，則是「主權者」所決斷的例外狀態。[14] 前者是不以特定身分／認同的「無論何者」（whatever being）所形成的，超越一切再現／代表體制的政治共通體；後者則是國家主權唯一絕對代表的體現，因此絕對無法容忍前者的存在。[15] 而若我們可以此為例，嘗試理解阿岡本所構想的「真實的例外狀態」與「即將到來的共通體」，那麼又該如何回顧省思其後的歷史共振，政治典範的遞嬗與迴盪？

　　六四後的隔年三月，在中正紀念堂廣場靜坐的野百合學運，同

14　朱元鴻，〈阿岡本「例外統治」裡的薄暮或晨晦〉，《文化研究》創刊號，2005 年 9 月，頁 197-219。

15　Giorgio Agamben, *The Coming Community*. Trans. by Michael Hardt, University of Minnesota Press, 2013, pp. 85-87.

樣以自發集結的民主例外狀態（當時民主確實是「例外」），促成了動員戡亂臨時條款的廢止，正式終結了國民黨政府在臺灣長期懸置憲法、凍結選舉的威權例外狀態。而在逐步民主化之後，二〇〇六年的紅衫軍則是第一次政黨輪替後最大規模的公民運動與自發性「例外狀態」。在「反貪倒扁」的訴求下，由前民進黨主席施明德所號召的紅衫軍運動，在激化的族群—國族認同政治的背景下，成功地串連了政黨與民間的反對力量。而在第二次政黨輪替後，二〇一四年三月的太陽花運動則以學生為主體，在「反服貿黑箱」的訴求下發動占領立法院與行政院的公民不服從行動，並且同樣在國族認同政治的脈絡中獲得了政治上的反對陣營與一般民眾的廣泛支持。另一方面，同年九月香港學生也發起了以「真普選」為主要訴求的雨傘運動，陸續發動「公民抗命」的占領運動，成為自八九年聲援天安門學運的五二八大遊行之後，香港最大規模的公民運動。而在三十年後，二〇一九的反修例運動又再次以超越生命的勇氣劃出了兩種例外狀態間的區辨，以肉身對抗國家主權對於公民運動的鎮壓與終結。[16] 其後，一部合法化常態性之主權例外狀態的法律，在未公開審議的情況下迅速通過，是為「港區國安法」。

　　另一方面，在中國持續的武力威脅下，民進黨政府在二〇二〇年大選前倉促強行通過了《反滲透法》，後續並陸續增訂「國安法」關於竊取洩漏國家核心關鍵技術之營業祕密的經濟犯罪條文，以及

16　關於記錄反修例運動的電影《時代革命》中十五位演出／行動者的訪談，請見《〈時代革命〉電影訪談錄》（臺北市：春山出版，2022）。

引發重大爭議旋即下架的「數位中介法」與「全民防衛動員法」的修正。以上無不在在顯示出例外狀態的弔詭難題：**那試圖用來守護自由民主的「必要」措施，如何不致於反過來扼殺了自由民主？以國家安全的「必要性」之名，例外與常態還能夠截然區分嗎？**甚至只是法案的討論本身，似乎就已經顯示出民主體制的失靈、社會對話的斷裂。在合法性的形式外衣下，我們是否早已身處於主權決斷的例外狀態中而仍不自覺？就此而言，例外的視角迫使我們直接扣問：**那些被宣稱為法的目的與「精神」的核心價值，是否真的能夠透過法律條文的規定和執法者的詮釋加以實現？**如果不能，那麼作為最後的「必要」手段，「真實的例外狀態」便是公民自發集結捍衛並實現這些基本價值的行動本身。

＊　＊　＊

　　本書的中譯本初版由筆者翻譯，林淑芬教授審閱，於二〇一〇年由麥田出版，目前早已絕版。目前市面上所流通的只有經筆者修訂後於二〇一五年由中國西北大學出版社所發行的簡體中文本。而基於幾個原因與機緣，我從二〇二〇年底開始動念想要重新出版這本書。首先當然是受到疫情的刺激，其次則是常被問起是否有可能再版。這不只是繁／簡體的閱讀習慣和用語差異，更包含在繁體版導讀中關於臺灣作為「例外國家」（"state" of exception）的討論，在簡體版中必須加以刪除。最後的關鍵則在於，前兩個版本我基本上是參照英譯本翻譯，僅在有疑義處盡力參考原著與法譯本。而這個版本則是直接從義大利原著重新翻譯而成，也因此花費的時間遠

比原本預期的長，感謝春山瑞琳的持續支持和崢鴻的細心校對，修正了某些翻譯錯誤並讓譯文更加流暢。此外，首先要感謝我的兩位義大利文老師，輔大義語系的張孟仁教授兼系主任，以及推動創設該系作為全臺第一個義大利文系、在臺教授義語和拉丁文三十餘載的康華倫教授（Prof. Valentino Castellazzi）。他們讓我在臺灣學習義大利文成為可能，但當然任何原文理解上的偏誤皆為我的學力不足。其次則要感謝中研院民族所劉紹華老師在法律所午餐會後的鼓勵，以及北藝大藝術跨域研究所楊凱麟老師的引介。另外也要感謝國科會人文及社會科學博士後研究人員的延攬補助（MOST 111-2811-H-031-001），張嘉尹老師的研究指導，和東吳大學法學院所提供的優質環境與資源。最後，我想將這個譯本獻給康老師——您帶著揶揄的笑容令人難忘，願您在天之靈永遠喜樂，Grazie！

薛熙平，二〇二三年七月七日

導讀[1]

薛熙平、林淑芬[2]

---

1 這篇導讀的內容基本上是以二〇一五年簡體中文版的「後記」為底稿,而該後記則修訂自二〇一〇年繁體中本版的「導讀」。此外,本文重新回復了在簡體版「後記」中所刪除的內容,也就是關於臺灣作為「例外狀態/國家」("state" of exception)的相關討論。本文除了部分文字的調整、資料的補充以及阿岡本著作的更新外,並未進行實質的修訂。

2 國立陽明交通大學社會與文化研究所教授。

例外解釋普遍及其自身……關於普遍無止境的討論令人乏味
——存在著例外啊！如果例外無法得到解釋，那麼普遍也同樣
無法得到解釋。這個困難通常並未受到重視，因為普遍並非以
熱情而被思考，而只是以舒適的淺薄。相對於此，例外則以強
烈的熱情思考普遍。

—— 齊克果（Søren A. Kierkegaard）

受壓迫者的傳統教導我們，我們所生存其中的「例外狀態」乃
是常規。我們應該要獲致一個與此事實相符的歷史概念。如此
一來，在我們面前就會浮現出一個任務：創造真實的例外狀
態。這將有助於提升我們在與法西斯的鬥爭中的地位。

—— 班雅明（Walter Benjamin）

1. 阿岡本的思想軌跡

本書作者喬吉歐・阿岡本（Giorgio Agamben）出生於一九四二
年的羅馬。他在羅馬大學修習法律與哲學，並於一九六五年以探討
西蒙・韋伊（Simone Weil）政治思想的論文取得博士學位（laurea）。
畢業之後，他緊接著在一九六六與六八年參加了海德格在普羅旺斯
的小鎮勒托（Le Thor）的研討課，主題分別是赫拉克利特（Heraclitus）
與黑格爾。一九七四至七五年，他轉赴倫敦大學的華柏格學院
（Warburg Institute）訪問研究，並從一九七八至一九九六年為止一
直擔任義大利文版《班雅明全集》的編輯。他曾在巴黎的國家圖書

館發現了兩批從未面世的遺稿，包含前述引文出處《歷史的概念》（*Über den Begriff der Geschichte*）的手抄複本（de la Durantaye, 2009: 148-9）。[3] 他的教學生涯曾經駐足巴黎的國際哲學院（Collège International de Philosophie）、義大利的 Macerata 大學、Verona 大學和 IUAV 大學，以及美國的柏克萊大學、紐約新校等等，並曾擔任歐洲研究所（European Graduate School）的斯賓諾莎講座。[4]

　　如同凱瑟琳・米爾斯（Catherine Mills）在「哲學網路百科」的阿岡本詞條中所言，他的思想發展以語言哲學為核心，進一步延伸到美學、政治與倫理等領域（Mills, 2006）。他的思想背景深受法國後結構主義的影響，但最直接承繼的仍然是海德格與班雅明的哲學思想。根據德拉杜蘭塔耶（de la Durantaye）的引述，阿岡本曾說過海德格的研討課「使哲學成為可能」，促使他放棄法律而以哲學作為志業（vocation）。然而另一方面，或許並不僅止於政治上的理由，他最終的精神導師乃是班雅明。他曾不只一次在訪談中說道，「班雅明是讓我得以倖存於海德格的解藥」（de la Durantaye, 2009: 2, 53）。此外，德希達似乎是他亦步亦趨的思想對手：在相應的問題意識開展中，他總是不斷嘗試提出對解構的超越（例如本書

3　基於這樣的考據功力，他得以對德文《班雅明全集》的編輯提出某些質疑（如本書 4.4）。

4　上述簡歷綜合參考 Wikipedia, "Giorgio Agamben," https://en.wikipedia.org/wiki/Giorgio_Agamben；Internet Encyclopedia of Philosophy, "Giorgio Agamben"(authored by Catherine Mills), https://iep.utm.edu/agamben/；歐洲研究所師資介紹：https://egs.edu/biography/giorgio-agamben/（2023/3/26 瀏覽）。

4.8）。[5] 另一方面，傅柯的生命政治、治理性與「考古學」研究方法則構成他從《聖／牲人》到《王國與榮光》系列著作的重要參照與對話對象。

　　從一九七○年的《無內容的人》（*L'uomo senza contenuto*）、一九七七年的《詩閣》（*Stanze*）、到一九八五年的《散文的理念》（*Idea della prosa*），阿岡本早期的主要研究潛行於哲學─文學─美學之間。一九七八年的《童年與歷史》（*Infanzia e storia*）與一九八二年的《語言與死亡》（*Il linguaggio e la morte*），則代表了他對於語言哲學的研究成果。他認為西方形上學對於存有的探問自始便是以一種獨特的否定性關連於語言：**純粹存有乃是不可言說者**。然而另一方面，這個不可言說者卻又構成了西方哲學對於語言基礎的設定。他因此將這個不可言說者稱之為「大音」（Voice）：既非單純的動物性聲音，又尚未具有任何意義，而只是一個純粹的否定性場所（Agamben, 1991: xi-xiii）。[6] 而在這段西方哲學史的考察之後，他開

5　阿岡本與德希達的比較，可從兩人對於海德格、施密特、班雅明乃至列維納斯的不同解讀著手。在諸如語言、動物性、主權、法與暴力乃至友誼等問題上，兩人的關注有十分顯著的交集。我們可以說，藉由將德希達界定為超越性（transcendence）的哲學傳統，阿岡本試圖透過對於內在性（immanence）哲學的重新詮釋來克服前者與其解構對象間的糾纏困境。在德希達生前出版的著作中，則鮮少針對阿岡本的觀點進行深入討論。不過在他過世後出版的動物性系列課程講稿的第一卷《野獸與主權者》（Chicago University Press, 2009）中，可以看到他在第三堂及第十二堂課中討論了《聖／牲人》的論點。

6　為方便讀者進一步查閱，本文的引注頁碼皆為英譯本，而非義大利文原著。此外，多數著作亦已有簡體中文本可供參考。

始進一步探問另一種新的語言存在方式的可能性：不是不可說的
「大音」，而是一種未必成為言說的童言兒語，或曰「未語」（in-fancy
〔Agamben, 2007: 54-60〕）。我們將會看到，這種對於語言否定性的
探討，將逐漸轉化為對於語言的懸置作用的反思，進而成為《聖／
牲人》政治思想的核心（如本書 2.2）。

　　阿岡本的政治書寫開展於九〇年代。在柏林圍牆倒塌後所引發
的一股因應歐洲共同體的重新整合的熱烈思潮中，他以一本小書
《將來的共通體》（ La comunità che viene, 1990 ）勾勒出了一種無法認
同與再現的共同體。[7] 這樣的「共通體」是以語言的存有作為溝通
可能性本身所形成的，因此也是由「無論何者」（quodlibet ens,
whatever being）所組成的（Agamben, 1993: 1-2）。[8] 後續收錄在《無
目的的手段》（ Mezzi senza fine, 1996 ）中的許多短文，例如〈生命形
式〉（1993）、〈超越人權〉（1993）、〈什麼是營〉（1994）等等，則進
一步構成了他的政治哲學代表作《聖／牲人》的基底和藍圖。而我
們在〈於此流亡中：義大利日記，1992-94〉則可以讀到他對於義
大利政治的具體批判。[9]

7　在批判思想界最著名的就是儂曦（Jean-Luc Nancy）的《解構共同體》（ La
　　communauté désœuvrée, 1986 〔繁體中文本由蘇哲安翻譯，二〇〇三年桂冠
　　出版〕），和布朗肖（Maurice Blanchot）的《不可言明的共通體》（ La
　　communauté inavouable, 1986 〔簡體中文本可見夏可君、尉光吉譯，重慶大
　　學出版社，2016〕）。

8　Quodlibet（混成曲）也是一家義大利出版社的名字。阿岡本的許多著作
　　和他的部落格也都在這家出版社發表，包括《聖／牲人》（ Homo sacer ）和
　　他備受爭議的疫情評論。

9　哈德（Michael Hardt）在《義大利基進思想：潛能政治》（1996）的導讀

　　一九九五年，「聖／牲人」系列的首部曲《聖／牲人：主權與裸命》（*Homo sacer. Il potere sovrano e la nuda vita*）正式出版，英譯本則在一九九八年由史丹佛大學出版社發行。這本書奠定了阿岡本作為當代最具影響力之一的批判思想家的地位。[10] 在書中他原創性地將施密特（Carl Schmitt）的主權概念與傅柯的生命政治結合起來，重新探討人的生命如何透過主權邏輯的運作而成為法律—政治秩序的基礎。藉由考察分析羅馬法的一個特殊形象 *homo sacer*（聖／牲人），他指出生命與政治之間具有比施密特和傅柯所理解的更為根本的連結。「聖／牲人」是一種特殊的懲罰，被判處者將不得再獻

中曾指出，當代義大利的基進政治思想孕育於近三十年來其獨特的政治運動經驗。在第一階段（一九六〇年代初至七〇年代初），以工廠的激進工人為「震央」，連結學生與知識分子建立起獨立於共產黨及其工會組織的自主團體。「拒絕工作」成為當時的口號：但這並不意味著拒絕創造性的生產活動，而是拒絕資本主義的生產模式。到了第二階段（一九七三至七九），鬥爭則從工廠蔓延至整個社會，包含女性主義在內的各種社會運動創造並實驗著各種新的水平連結與民主形式，「自我增值」（self-valorization）則成為擺脫資本主義價值體系的核心概念。然而也在同一時期，如「赤軍旅」（Red Brigades）的極左恐怖組織亦開始崛起，並在一九七八年綁架殺害了前義大利總理莫羅（Aldo Moro）。於是進入第三階段（從一九七〇年代末至八〇年代初），義大利政府開始進行對於恐怖主義，以及整體社會運動的全面鎮壓。數千名運動者依據被稱為「莫羅法」（legge Moro）的法律命令（類似我國的緊急命令）遭到逮捕，並在未起訴的情況下進行長期的預防性拘留。於後續的審判中，法院並得僅基於被告與犯罪團體之間的「連結」定罪（關於義大利的緊急狀態實踐可參考本書第一章中的「例外狀態簡史」）。因此到了八〇年代初，幾乎所有的運動組織都被消滅殆盡，而該書所收錄的作者們（如 Paolo Virno、Maurizio Lazzarato、Antonio Negri 和阿岡本等）則大多不是入獄就是流亡（Hardt, 1996: 1-4）。相關的討論亦可進一步參考萬毓澤（2006）。

10　Google Scholar 對於 *Homo Sacer* 英譯本的引用統計為 26842 筆（2023/3/25）。

祭給神明，但同時任何人皆可殺之而不罰。因此阿岡本認為，「聖
／牲人」正是透過雙重的例外而被置於主權者的決斷之下：「不得
獻祭」作為神法的例外，卻正好將他獻予諸神，而「殺之不罰」作
為人法的例外，則令人人得誅之。換言之，「聖／牲人」的法律判
決本身就是一種極端的獻祭刑和例外宣告，也就是該法適用的效果
正是法秩序本身的懸置。而其效應則在於將人的生命暴露在主權者
的決斷之下，成為不受任何法律保障的「裸命」（Agamben, 1998: 6-9,
71-74）。[11] 施密特著名的主權定義「主權者即決斷例外狀態者」的
陰暗面因此得以呈顯：相對於代表著「真實生命的力量」，得以透
過決斷例外而「突破因不斷重複而變得遲鈍的體制硬殼」的主權者
（Schmitt, 2005: 15），其另一面便是成為決斷客體的裸命（如納粹
集中營的猶太人〔Agamben, 1998: 172-174〕）。另一方面，相對於
傅柯所考察的「生命政治的誕生」，也就是透過十七、十八世紀所
發展的人口統計等新興治理技術將人的生物性生命本身納入政治成
為其首要關注（Foucault, 1990: 137-140），阿岡本則進一步質問：那

---

11 基於 *homo sacer* 這個概念在阿岡本詮釋下的上述意涵，本文選擇將其譯為
「聖／牲人」。拉丁文 *sacer* 本即同時具有「神聖」與「受詛咒」的雙重意
涵而受到廣泛的討論。在阿岡本的使用脈絡中，雖然表面上看起來被判為
homo sacer 的人既不「神聖」也不得再被「犧牲」，但這個判決其實恰恰具
有一種神聖化的犧牲結構，也就是將被判決者排除於人間的規範秩序外，
而得以神之名任人宰割。正是這個「人的神聖性」的幽闇起源是阿岡本透
過 *homo sacer* 所試圖考掘的，並以之作為反思當代人權體制的批判視角。
必須承認，這個拉丁語彙的翻譯確實困難，因此外文譯本多保持原文。中
文常見的翻譯為「牲人」；而朱元鴻譯為「受譴咒的人」（2005：209-
211），吳冠軍譯為「神聖人」（2016：28-32），亦皆有審慎的考量。本文
選擇的「聖／牲人」則源自於范耕維的譯語「聖牲人」（2012：9）。

作為生命政治基底的，是否同樣是人的裸命（Agamben, 1998: 3-4）？在此他深受鄂蘭的啟發，將難民視為民族國家內在困境的體現：不被任何國家承認，因此喪失公民身分與法律保障的難民，正是僅僅基於其生物屬性而仍然屬於「人類」的人（Agamben, 1998: 126）。難民的處境正見證了「神聖不可侵犯」的人權的荒蕪，因為「這個世界在只是身為人的抽象的赤裸上，發現沒有任何神聖可言」（Arendt, 1973: 299）。

　　整個「聖／牲人」系列是一部長達二十年的寫作計畫，從而各個作品的完成時間與定位也並非總是按部就班。按照最後集結而成的《聖／牲人全集》（Homo sacer. Edizione integrale, 2018），全書系共分為四部曲：第一部為具有導論性質的《聖／牲人：主權與裸命》（1995）。第二部則共有五本書，批判性地針對下列政治／治理典範進行哲學性的歷史考察：例外狀態（2003）、內戰（Stasis, 2015）[12]、誓約（《語言的聖禮》〔Il sacramento del linguaggio, 2008〕）、經濟與治理（《王國與榮光》〔Il Regno e la Gloria, 2007〕）以及職務／義務（《主業》〔Opus Dei, 2012〕）。至於第三部則同樣只有一本書，《奧許維茲的殘餘：證人與檔案》（Quel che resta di Auschwitz. L'archivio e il testimone, 1998）：書中阿岡本試圖透過集中營倖存者的證言思索某種「裸命」的倫理，以及內在於主體化過程中的去主體化。最後，第四部則有兩本書：《至貧：修道院規約與生活形式》（Altissima povertà: Regole

---

12　雖然在時序上這本書最晚出版，但內容上本書則是由二〇〇一年十月（正值九一一後！）阿岡本在普林斯頓的兩場研討課所構成（Agamben, 2015a: ix）。

monastiche e forma di vita, 2011）和《身體之用》（*L'uso dei corpi*, 2014）。
這兩本書主要環繞著「生命形式」的主題，一方面探討支配個體生
命的規範技術，另一方面則構思解除支配之「另類生命」的可能模
式。

　　本書作為「聖／牲人」系列的二之一，無論在時序和結構上都
屬於前段。延續首部曲中對於主權—例外狀態之生命政治意涵的探
討，本書進一步考察了例外狀態在西方法律史中的演變，以及超克
主權理論的可能性。而在本書最後提出的法與無法、權力與權威的
雙元結構，則進一步構成了《王國與榮光》中從政治到經濟、從治
理到榮光的理論雛形。此外，在本書中所提出的解除例外狀態後的
法律之「用」的問題，則在第四部的《至貧》與《身體之用》中獲
得進一步的開展。最後值得注意的是，在本書完成後相當長的一段
歲月中（或許可以界定為系列的中期），阿岡本幾乎全然埋首於中
世紀基督教神學的考據中（從《王國與榮光》、《語言的聖禮》到《主
業》與《至貧》）。這個在當代政治哲學／思想中較為罕見的做法，
讓我們得以跨越慣常的啟蒙與大革命視角，重新理解中世紀神學與
現代性的關係。

　　除了「聖／牲人」系列外，阿岡本也陸續探討了彌賽亞主義、
動物性、品味等主題，[13] 以及部署、友誼、當代性、真實等概念。[14]

13　如《剩餘的時間：羅馬書評註》（*Il tempo che resta. Un commento alla «Lettera
　　ai romani»*, 2000）、《敞開：人與動物》（*L'aperto. L'uomo e l'animale*, 2002）、
　　《品味》（*Gusto*, 2015）。

14　如《何謂部署》（*Che cos'è un dispositivo?*, 2006）、《友愛》（*L'amico*, 2007）、

此外他也從各種神話傳說和藝術作品中尋找哲學的未思與靈光。[15]
而他透過歷史案例建構「典範」的類比思維,以及通過對於概念—
制度之歷史「基原」(*archè*)的追索與置疑而重新打開新的可能性
的「哲學考古學」,則構成了一種與傅柯和德希達相互輝映的「哲
學方法」。[16]

2. 本書簡介

在一次訪談中,阿岡本指出我們正活在一個「法治」與「法外
治理」同時極大化的張力場域中(Agamben with Raulff, 2004: 611-
612)。一方面,「依法處理」成為國家權力的標準說詞;另一方面,
國家權力的實際運作卻又往往逾越法律,特別是在持續發生的各種
「危機」之中。若是如此,我們究竟該如何理解這般法與無法相互
纏繞、既對立又互補的張力關係?這就是本書的關注所在。簡言
之,阿岡本認為國家制定的法律若要能夠適用於活生生的生命與生
活,就必須包含一塊無法地帶作為中介,也就是「例外狀態」。也
就是說,法律必須透過懸置自身而創造例外,並在例外中將人的生
命與生活直接納入國家權力的支配底下,但卻依然宣稱這是一個

《何謂同時代性》(*Che cos'è il contemporaneo?*, 2007)、《何謂真實:馬約拉納
失蹤記》(*Che cos'è reale? La scomparsa di Majorana*, 2018)。前三篇文章的英
譯收錄於 Agamben (2009)。

15　如《寧芙》(*Ninfe*, 2004)、《普欽內拉,或給孩子們的嬉遊曲》(*Pulcinella
ovvero Divertimento per li regazzi*, 2015)等。

16　可參考《萬物的署名:論方法》(*Signatura rerum. Sul Metodo*, 2008)。

「合法的必要處置與措施」。

本書由歷史與哲學兩條軸線交織而成。以下便簡述其架構與章節內容。

首先，在第一章〈例外狀態作為治理的典範〉中，阿岡本對於例外狀態的概念—制度史進行了重點考察。源自於德國公法的「例外狀態」（Ausnahmezustand），其現代的開端乃是法國大革命後的「戒嚴／圍城狀態」（état de siège），而其前身則是中世紀的拉丁法諺「緊急不識法律／必要者無法可循」（necessitas legem non habet）。阿岡本指出，這句格言可以有兩種解釋：「迫切／必要性不承認任何法律」和「迫切／必要性創造自己的法律」，而這兩種意涵正對應於例外狀態從中世紀到近現代的轉變。在中世紀，迫切／必要性所界定的是一個法律失去其拘束力的特殊個案，然而到了近現代，迫切／必要性反而成為奠定法秩序的基礎（例如國家的自保權）。阿岡本在本章中梳理了現代西方的「例外狀態簡史」，指出現代例外狀態誕生自法國大革命以降之民主憲政體制的內在弔詭：當共和國面對其自身的存亡危機時，總是訴諸獨裁和憲法的懸置來自我防衛。從革命、內戰、戰爭、天災、經濟危機到反恐，例外狀態於是逐漸成為「國家安全」的常態治理手段，而從議會制實質上轉變為行政—管理制不過只是其附帶效應。面對這個法秩序自我懸置的維生裝置，法學家們則殫心竭慮地試圖以「全權」、「憲政獨裁」、「國家緊急權」等概念加以合法化，或至少提出一套合憲性的判準。但阿岡本認為，所有這些判準（如必要性、暫時性等等），不僅必然涉及到對於當下情勢的現實判斷，最終更無法迴避主觀性的價值決

定（現行的憲政體制究竟應該回復或更新）。於是作為例外狀態之判斷基礎的「迫切／必要性」，其實遠非一個客觀事實，而是攸關憲政基本價值的政治決斷。

接著在第二章〈法效力〉中，阿岡本開始進入以施密特為代表的理論探討。他指出從一九二一年的《獨裁》（*Die Diktatur*）到隔年的《政治神學》（*Politische Theologie*），施密特陸續提出了一系列的二元區分來試圖接合例外狀態與法秩序：包含委任獨裁（守護憲法的獨裁）中的「法規範」和「法實現規範」、主權獨裁（創制憲法的獨裁）中的「制憲權」和「憲制權」，以及主權理論中的「規範」與「決定」。然而這些概念區分實際上都是某種「法律擬制」，藉此法律得以合法化現實中的無法狀態。接著透過重新詮釋德希達著名的演講標題〈法律效力：權威的神祕基礎〉（*Force de loi: le fondement mystique de l'autorité*, 1989），他進一步指出「法效力」（forza di legge）這個用語其實來自於原本並非法律的執政者命令被「視為法律」的演變過程，也就是所謂的君王或國家元首的命令「具有法律效力」。因此「法效力」的本質其實是「法效力」，也就是一種將並非法律的事物擬制為法律的法律虛構。[17]

在第三章〈懸法〉中，阿岡本再次回到羅馬法，挖掘出相對於著名的羅馬獨裁外，另一個鮮為人知的制度「懸法」（*iustitium*），並視其為例外狀態的真正原型。*Iustitium* 的字面意義即是「法的停頓與懸置」：當羅馬共和面臨重大威脅時，元老院就會發布「元老

17　進一步的探討可參考薛熙平（2020）。

院終極諮議」來號召執政官、行政官員乃至於全體公民採取任何能夠捍衛國家的必要手段。阿岡本特別強調懸法與獨裁在羅馬法中的區分：獨裁官是一個特定官職，其選任方式、任期和廣泛權力皆有明確的法律規定。相對於此，懸法則沒有創造任何新的職權——現任官員、乃至一般公民所享有的無限權力事實上僅來自於法的懸置。因此懸法中的一切行為從法律角度而言既非執法、亦非違法、更非立法，而頂多只能說是「不執法」。就此而言，懸法可說是開啟了一個與法無關的行動空間，而這個空間則成為政治行動的鬥爭場域。

　　第四章〈環繞著一個空缺的巨人之戰〉則進一步對於這個「無法空間」進行反思，可謂本書的理論菁華。藉由重新詮釋施密特與班雅明之間公開和隱密的對話，阿岡本提出了兩種思考例外狀態的對立觀點。對於施密特來說，例外狀態儘管是法規範的懸置，但對於整體法秩序而言卻具有決定性的意義：無論是法實現規範（「必要措施」）、制憲權，還是主權者的決斷，都是一種將例外狀態納入法秩序中，並讓後者得以持續運作的法權裝置。相對於此，班雅明則透過「純粹暴力」、「無能決斷的主權者」以及「真實的例外狀態」等概念構作，一再試圖將例外狀態排除於法秩序之外，切斷其與法律的任何連繫。阿岡本認為，這個對於例外狀態之本質（擬制的或真實的），以及其中的行動性質（主權決斷或純粹暴力）的界定，正對應於西方形上學中的「巨人戰爭」：對於存有與言說（logos）之關係的界定。在這場發生在例外狀態中的、關於例外狀態本身的定位及指向的對決中，阿岡本試圖以班雅明超克施密特：透過將後

者的例外狀態揭露為某種法律擬制／虛構的極致典範，進而產生某種彌賽亞式的「劇變」——拆解並卸除法律與生命之間的一切虛擬連結，讓法律成為無法適用的具文（其不再具有「法效力」）。由此而生的則是一種新的法律之「用」：成為某種生命的純粹書寫或行動，僅僅溝通溝通本身，而不帶任何目的。換言之，也就是某種「無目的的手段」或「純粹媒介」。

在精采的理論鬥爭後，第五章「慶典、喪禮、失序」則再度回到歷史，考察 *iustitium* 從羅馬共和到帝國的語意轉變。進入元首制時期後，*iustitium* 的意義逐漸由「懸法」轉變為「公祭」，也就是主權者及其家族的國喪儀式。阿岡本反對一般論者從哀悼的心理—社會學來解釋伴隨著國喪的失序現象，指出關鍵仍然在於例外狀態的法權結構：主權者之死之所以會引發舉國動盪，從而必須透過複雜的國喪儀式加以控制（包含某種戒嚴—動員令的頒布），[18] 實導因於從奧古斯都開始，羅馬元首便將一切法律權力集於一身，從而成為一個不受法律限制的人格權威，也就是所謂「活的法律」（*nomos empsukhos*）。羅馬的元首制因此可被視為西方第一個將生命直接結合於法律的生命政治典範。另一方面，古代與中世紀民俗文化中的狂歡慶典則展演著另一種無法／失序狀態（anomia）：社會身分與行為規範的暫時懸置、甚至倒轉。同樣反對學者們從農耕曆法或淨化儀式所做的解釋，阿岡本認為這些慶典中的許多行為其實正複製

18　一九八八年一月十三日蔣經國總統去世時，繼任的李登輝總統便依據《動員戡亂時期臨時條款》第一條隨即發布緊急處分，令「國喪期間，聚眾集會、遊行及請願等活動，一律停止」。

著古老人民公審中的驅逐與流放儀式。就此而言，對應於主權者的喪禮，民間的狂歡慶典同樣展演著另一種合法的無法狀態，以及法律與生命的融合擬象。

在最後一章〈權威與權力〉中，阿岡本嘗試從羅馬法「權威」（*auctoritas*）的多重意涵及其與「權力」（*potestas*）間的複雜關係中，梳理出一個例外狀態的一般理論。他指出，相對於一般官員依據其職位所擁有的法定「權力」，「權威」則是界定羅馬家父、元老院成員和元首最專屬的特權，被視為直接源自於其作為「權威者」（*auctor*）的人格。而這樣的權威觀念仍然可在一九三〇年代歐洲威權主義的興起中發現其遺緒：政治領袖的權力正當性被視為直接源自其人格魅力（carisma）。於是阿岡本認為，西方的法律—政治體系似乎是由兩個既對立又互補的元素構成：一個是嚴格意義的法規範元素（權力），另一個則是超法律的非規範元素（權威）。一方面，法規範元素必須透過非法規範元素才能夠有效適用（權力必須要得到權威的「授權」）。另一方面，非法規範元素也只有透過對於法效力的授予或懸置才得以運作（例如透過「元老院終極諮議」而發布懸法）。然而，當這兩個元素被併入單一人格時，整個憲政體制就將轉化為由主權者所決斷的殺人機器。而當例外狀態進一步成為常態時，這兩個元素也將進入一種無法區辨的狀態（如當時美國的「反恐戰爭」所印證的）。總結而言，本書的工作就在致力於揭示這個混淆，解開法秩序與例外狀態、法律與生命之間的虛擬連結，進而為一種無關乎法律的政治行動打開一個新的空間。

3. 例外狀態的當代部署

　　本書的寫作與出版正值九一一事件後的「反恐戰爭」高峰，也就是美國作為冷戰終結後全球唯一超級強權的單邊與例外主義行動的全盛時期。在二〇〇一年九月遭受恐怖攻擊後，小布希政府基於總統的憲法緊急權及國會火速通過的《愛國者法》大幅擴張政府權力，並採取許多違反基本人權的非常措施。接著更進一步透過十月的阿富汗戰爭和二〇〇三年的伊拉克戰爭不斷展延例外狀態的期限。對此阿岡本在書中雖有簡要提及，但並未充分闡述。以下我們將從他的觀點出發，並參考其他的理論資源進行延伸討論。首先，阿岡本在本書一開始就點出了例外狀態與所謂「世界內戰」的當代發展之間的關連性（1.2），但並未詳述。對此《帝國》（*Empire*, 2000）一書的作者奈格利（Antonio Negri）與哈德（Michael Hardt）則從不同的理論背景出發，在其續集《諸眾》（*Multitude*, 2004）的一開頭便探討了這個主題。延續在《帝國》中所提出的全球性「帝國主權」的概念，他們進一步指出，相對於主權國家「之間」的現代戰爭，當代的新型戰爭乃是在帝國的「單一主權領土」上的「全球內戰」（Hardt & Negri, 2004: 3-4）。這個新誕生的帝國主權穿越了民族國家的疆界，以全球為平面建立起了新的權力體制。他們認為，雖然阿岡本將這個概念的起源追溯到同於一九六三年出版的鄂蘭的《論革命》（*On Revolution*）與施密特的《遊擊隊理論》（*Theorie des Partisanen*），然而在當時的冷戰結構中，由於一個全球性的單一主權尚未形成，因此頂多只能稱之為「世界」而非「全球」內戰（*ibid.*,

359）。奈格利與哈德認為我們可以結合兩種例外的概念嘗試理解這個新現象：第一種是德國式的，也就是暫時懸置憲法以挽救憲法的例外狀態；第二種則是美國式的，也就是所謂的美國例外主義。後者又具有兩種不同的意涵：傳統的意義是指美國作為歐洲主權政治逐漸衰落的「例外」，是偉大共和傳統的唯一繼承者；新興的意義則是美國作為國際法的「例外」，得以拒絕加入環保、人權、武器管制、國際刑事法庭等的國際條約與協定。即便美國時常以其第一種例外主義作為第二種的正當化理由，但兩者顯然是相互衝突的，因為共和主義的核心精神就是無人可凌駕於法律之上（*ibid.*, 7-10）。而這幾種例外概念的結合，正好呼應了阿岡本在本書最後對於當前局勢的診斷：「事實上，例外狀態如今已然達到其全球性之前所未有的擴散。法律的規範面可以被一種治理暴力在對外忽視國際法、對內創造出永久例外狀態的情況下，絲毫不受制裁地抹銷和抵觸。即便如此，它卻宣稱自己仍然在適用法律。」（6.10）

　　戰爭／內戰與例外狀態的結合，除了在空間上突破了民族國家的疆界外，在內容上也逐漸從軍事蔓延到其他領域。阿岡本在本書中以美國一九三〇年代的新政為例，指出例外狀態如何透過戰爭的隱喻而對經濟事務產生巨大的影響。奈格利與哈德則進一步延續傳柯「社會內戰」的概念指出，從美國一九六〇年代的反貧窮戰爭、八〇年代的反毒品戰爭，一直到二十一世紀的反恐戰爭，我們可以看到戰爭的修辭與部署如何對於社會整體產生動員與控制的效果。同時，戰略的思維也從被動的消極防衛轉向主動的積極預防，也就是安全體制的建立（Hardt & Negri, 2004: 13, 20）。對此阿岡本也曾

在〈論安全與恐怖〉一文中沿用傅柯的「安全」概念指出，安全強調的並非禁閉與壓制，而是在開放的場域中進行介入和引導（Agamben, 2001）。安全因此並不排除戰爭，而是在戰爭之中進行控制與管理。在「反恐戰爭」中，透過將每一個人都當作可能的恐怖分子，原先針對特定事件的緊急—例外措施，於是逐漸轉變成為邊境管制與社會控制的一般準則。

關於反恐戰爭、全球內戰與例外狀態之間關連性的具體事例，阿岡本曾援引朱迪斯・巴特勒（Judith Butler）的說法指出，依據小布希總統二〇〇一年十一月十三日的軍事命令而對涉嫌參與恐怖活動的非美國公民所進行的「無限期拘留」（indefinite detention），使得位於古巴關達納摩灣（Guantánamo Bay）的美軍監獄成為了當代的集中營，而被拘留者則成為完全被排除於日內瓦公約的戰俘規定和美國刑法的犯罪嫌疑人之外的「裸命」（本書 1.3）。相對於阿岡本所強調的主權決斷，巴特勒則在文章中以更加傅柯式的觀點指出，主權乃是在治理性將法律當作工具的策略性部署中才得以復活。因此，相對於君王或總統作為唯一的主權者，在當代的安全部署中，所有相關的軍事—行政官員都成了新的「小主權者」（或如阿岡本所說的「主權警察」〔Agamben, 2000: 103-107〕），分享著某種不受法律拘束和法院監督，得以單方面決定被拘留者「待遇」的廣泛裁量權。不僅如此，由於「恐怖分子」被塑造為殺人狂的非人形象，因此將其拘留的法外措施也就被視為反恐戰爭的延續，而形成同樣非人處遇的虐囚環境（Butler, 2004: 53-56, 78）。阿岡本與巴特勒因此都認為被拘留者高度不確定的危脆狀態，正來自於且持續

取決於主權決斷的生命政治效應。

　　最後，如果阿岡本的分析傾向於將例外狀態呈現為戰爭的負面形象，那麼王愛華（Aihwa Ong）在《作為例外的新自由主義》（*Neo-liberalism as Exception*, 2006）中，則試圖從人類學的角度分析例外的治理策略如何為亞洲國家創造出經濟發展的契機。她指出，儘管美國的新自由主義被視為一種逐漸與無法狀態和軍事行動結合的基進資本帝國主義，亞洲各國的政府仍然能以例外的手法選擇性地引用，並生產出新的空間規劃、公民身分與主體性。因此新自由主義在亞洲並非一般原則，反而是以「新自由主義作為例外」和「例外於新自由主義」這兩種模式靈活地交替運用。前者如中國的經濟特區：透過將新自由主義例外地限定適用於特定區域，使得只有特定的人口才能進入這種依據個人的自我選擇、管理與負責的原則進行資源配置的市場機制中。後者則如東南亞移工：作為特定人口被排除於自由移動與聘僱的勞動自由市場外，並且無法享有一般公民的權利保障。而這兩種例外之間並非毫無關連：事實上，前者相當程度地依賴後者，並且引發倫理上的危機。值得強調的是，這兩種例外模式同時進一步將公民權利與公民身分脫鉤，重新按照市場導向的個人競爭力進行劃分。因此，不同於阿岡本所側重的例外的排除作用，王愛華認為「吸納」的作用也必須同時被考慮，才能更完整地理解新自由主義在亞洲的運作（Ong, 2006: 1-5）。

4. 臺灣：持續性的例外狀態／國家（"state" of exception）

　　雖然我國主要的法律制度大多是透過日本的轉譯而移植自德國，然而，源自德國公法學的「例外狀態」（Ausnahmezustand）一詞，卻似乎並沒有成為我國法學界的專業術語。相對於此，我國憲法明文規定的是「戒嚴」與「緊急命令」，以及透過修憲程序所制定的《動員戡亂時期臨時條款》。[19] 相關的討論也因此多半使用「國家緊急權」、「非常時期法制」等概念。然而，若如阿岡本所言，「術語乃思想真正的詩意時刻」，因此其選擇「絕不可能是中性的」，[20] 那麼為何「例外狀態」並未成為我國憲法學界反思非常體制的重要概念，箇中緣由便頗耐人尋味。

　　在臺灣關於阿岡本的討論中，就我們所知，最早出自於蘇哲安的〈沒有「世界」以後的主權欲望：永久性的非常狀態與生物政治〉（2001）。在這篇文章中，蘇哲安從歐洲主權國家 vs. 非歐洲殖民地的認識架構中，初步勾勒出了後者作為永久性非常狀態對於前者的構成作用。其後，在 "Taiwan Incorporated: A Survey of Biopolitics in

---

19　公法學者及前大法官陳新民指出，我國的非常狀態法制，包含戒嚴、緊急命令與臨時條款中的緊急處分，深受德國一八五一年的「普魯士圍城狀態法」和威瑪憲法第四十八條的總統緊急權的影響，而在實踐上也幾乎亦步亦趨地踏上威瑪─納粹的後塵：從未制訂憲法明文要求的緊急命令法，而緊急命令／處分的規定形同空白授權。此外，他也指出我國的《戒嚴法》亦受到日本一八八二年「戒嚴令」的影響（陳新民，1990：320-322；2000：51）。

20　參見本書 1.4。

the Sovereign Police's Pacific Theater of Operations"（臺灣納編：在主權警察的太平洋戰區中的生命政治考察，2004）中，蘇哲安更完整地從例外狀態的角度提出對於臺灣戰後處境的歷史分析與理論反省。他指出我們必須注意到在西方主權國家基於《西發里亞條約》相互承認確立之時，另一場將非西方領域視為無主權的開放空間加以爭奪的殖民戰爭也同步展開。而如果意識到整個非西方的去殖民運動直到二次大戰結束後才全面展開，那麼非西方漫長的主權懸置狀態（例外狀態）對於西方國家主權的增補作用，或許較西方主權國家之間的敵友區分更為重要（Solomon, 2004: 231-235）。[21]

　　從這個角度反思近代中國的被殖民經驗，蘇哲安認為我們不應將中國的現代主權建構視為傳統中華帝國政權的延續，而必須從列強在租界的治外法權（extraterritoriality）加以考察（Solomon, 2004: 236-237）。若從臺灣的被殖民經驗來看，則早在清帝國將臺灣正式納入版圖前，荷蘭與西班牙就以臺灣原住民部落並未形成國家為由，將臺灣視為「無主地」（terra nullius）而加以「先占」並主張其主權。在經歷了兩百多年的清朝統治後，甲午戰敗後的清廷又在《馬關條約》中將臺灣的「主權」割讓給日本，使得臺灣再次淪為現代主權國家的殖民地。日治前期臺灣的最高首長（臺灣總督）皆由武官擔任，集軍政與民政權力於一身，並得以發布具有法律效力

21　這個部分的討論可進一步參考施密特的《政治的概念》（Der Begriff des Politischen, 1932）和《大地法：歐洲公法中的國際法》（Der Nomos der Erde im Völkerrecht des Jus Publicum Europaeum, 1950），以及林淑芬主編的《疆界、主權、法》（新竹市：交通大學出版社，2020）。

的「律令」而擁有廣泛的立法權（王泰升，2001：146-150）。這些異於「帝國內地」的統治權力實與例外狀態中的緊急權力異曲同工。換言之，阿岡本對於例外狀態的分析基本上仍將目光聚焦在西方內部，而未能看到其殖民史中對於非西方的例外統治。或許正是因為廣大的非西方自始便被視為無主權的法外之地，因此根本不需要透過宣告例外狀態來懸置法律的適用，便可直接進入種族主義的生命政治治理。

　　二戰結束後，接收臺灣的國民政府與日本殖民初期相若，行政長官陳儀同樣兼任警備總司令，並於一九四七年的二二八事件期間在臺灣各地宣告戒嚴進行鎮壓。隨後爆發的國共內戰與韓戰，則將臺灣捲入了由內戰／冷戰的新結構所部署的持續性例外狀態中。隨著國民政府退守臺灣，從一九四五年五月二十日到一九八七年七月十五日，臺灣經歷了長達三十八年的戒嚴狀態。[22] 蘇哲安指出，臺灣的戒嚴必須和由美國所宣告的臺灣「主權未定」結合起來理解：由美國一手主導的舊金山和約排除了蘇聯與中國的參與[23]（兩個在二戰中與日本實戰的同盟國成員），並且技術性地僅規定「日本放棄對臺灣的一切權利」，而未明定臺灣的主權歸屬。這個條約確立了美國在西太平洋地區成為唯一真正的主權者，程度不等地懸置了其他國家的主權：從臺灣主權未定、取消日本的戰爭權、到犯罪化中國（Solomon, 2004: 237-239）。到了七○年代末期，隨著美國對「中

22　金門和馬祖的戒嚴令則直到一九九二年十一月七日才解除。

23　無論是中華民國還是中華人民共和國。

國」主權承認的轉變，「中華民國」失去了國際承認，而美國則透過《臺灣關係法》延續並建構新的例外狀態。蘇哲安指出，這部法律所暴露出的真正政治祕辛在於美國與臺灣的關係乃是透過美國的國內法加以規範，彷彿臺灣的政治地位就相當於美國的一州。而在美國的支持下，作為「民主自由復興基地」的臺灣得以在長期戒嚴中扼殺自由與民主，在黨國體制與國語政策下實施省籍區分，在政治鎮壓下發展經濟（*ibid.*, 239-244）。另一方面，中華人民共和國在二〇〇五年通過的《反分裂國家法》，則是更加明白地以國內法宣示其對臺灣的主權，並得以「非和平方式及其他必要措施，捍衛國家主權和領土完整」（第八條）。至此我們可以清楚看到，日、美、中三國的主權政治如何持續地將臺灣規範於例外狀態之中。對此，顏厥安在二〇〇五年三月的一場關於反分裂法的座談會中，也透過施密特關於「空間」的國際法思想指出這兩部法律之間的關連性，以及中國將臺灣國內法化的「定位」動作（顏厥安，2005：73-74）。

　　在〈從反共義士到大陸偷渡客：臺灣作為例外狀態／國家〉一文中，我們則試圖探討臺灣的例外狀態從戒嚴到解嚴所經歷的時間和空間意涵的轉變（Lin & Schive, 2005）。在時間上，四十多年的動員戡亂時期無疑已將例外狀態常態化。這個現象清楚地表現於以下事實：除了一九四八年的戒嚴令之外，歷任總統僅依臨時條款發布了四次的緊急處分，卻以動員戡亂之名頒布了一百五十種在不同程度上違反憲法、侵害人權的特別法令（李鴻禧，1995：37，58-64）。而在終止動員戡亂後，雖然這些法令大多已廢止或修正，但

這並不意味著臺灣已經轉變為「正常國家」；毋寧是在正常化的過程中，既有的例外措施轉而以更細緻的方式持續作為國家安全的治理基底。最明顯的例子是就在解嚴的同時制定《動員戡亂時期國家安全法》，而在終止戡亂後僅刪除「動員戡亂」，其他內容維持不變。此外，在戒嚴時期設立的國家安全會議與國安局也進一步在廢止臨時條款後的憲法增修條文中獲得了明確的法源依據。[24] 在空間上，除了整個臺灣被「地區化」為美中主權宣稱下的例外空間，臺灣本身也在內部持續複製著「營中之營」。戒嚴時期警備總部轄下的綠島監獄即是名符其實的勞改營，對動輒被冠以「通匪」罪名的政治犯進行思想改造。解嚴之後，監獄成為了人權紀念公園，但「營」卻從未消失。同樣沒有律師、不得上訴，「大陸人民處理中心」（靖廬）儼然成為臺灣民主時代的新「營」。從「共匪」（內戰敵人）到作為「通匪者」的政治犯，從「反共義士」到「大陸偷渡客」（非法移民），這些轉變在在顯示出例外狀態如何構成國家常態治理的基礎，支撐起臺灣在不同時期作為「例外國家」的主權與安全欲望（Lin & Schive, 2005: 5-7）。[25]

---

24 整個國家安全體制從戒嚴、解嚴到晚近面對對岸威脅邊增的轉變有待更深入實質的分析。

25 民進黨執政後，警政署曾於二〇〇四年「為因應九一一事件」，在「強化反恐攻堅裝備計畫」中採購了刀片拒馬，宣稱其目的在於「維護重大民生基礎設施、重要政府機構，並提升機動保安警力反恐怖活動處理能量及聚眾活動應變能力」。而這些拒馬正好在二〇〇六年的紅衫軍運動期間發交給各縣市警局（《民生報》，2006/08/21，〈反恐拒馬警政署澄清非衝著倒扁〉）。而國民黨於二〇〇八年重新執政後，則在中國海協會會長陳雲林十月來訪期間，大規模動用國安／治安力量，以層層拒馬切割城市空間圍堵

5. 例外狀態的可能出路

　　面對當前例外狀態的全球部署（儘管在不同的區域有不同的策略），我們應該如何思考突圍之道？阿岡本在本書的最後提到，面對「我們所生存其中」的例外狀態，出路並不在於重新肯認法與權利的優位性。換句話說，並不在於重新標舉「法治國」（state of law）的理念來對抗例外狀態（state of exception），因為前者的存在最終依然必須仰賴於後者（6.10）。他認為真正的解決之道在於揭示出例外狀態的虛構性，亦即其乃是一種接合法與無法的終極法律擬制，一種沒有法律的法律效力。唯有如此，我們才能清楚看見我們事實上生活在「真實的例外狀態」中：在「法」與「力」之間、在規範和行動之間，並不存在任何實質的連結。唯有由此認識出發，我們才能夠進一步思考當法效力的擬制被揭露而失效時，一種新的法律之用。亦即，將法律的內容還原為一種純粹的溝通，或是正義本身的迫切要求。與此相應的，則是國家權力之暴力本質的暴露，以及政治行動作為一種「無目的之手段」的可能性，也就是政治—行動本身就是人類共在之「生活形式」的體現。[26]

　　或許上述的說法仍過於抽象。相對於「純粹」的哲學思辨，我們也可以看看阿岡本自己如何看待與回應一些具體的政治事件。例如，阿岡本在二〇〇四年一月十日於法國《世界報》（Le Monde）刊

　　抗議活動。其間對於基本人權的侵害與警察暴力的展現，亦是「例外狀態」在強調修補兩岸關係、促進和平的訴求中最諷刺的體現。

26　進一步的討論可參考薛熙平（2016：183-192）。

登了一篇投書〈向生命政治刺青說不〉，公開說明他拒絕入境美國的理由（因此取消了到紐約大學客座的行程）。他強調這並非基於像是按捺指紋和拍照等入境要求原本乃是針對罪犯所產生的主觀羞辱感，而是歷史經驗顯示，原本只是針對特定群體的例外性生命政治技術（例如納粹集中營對被遣送者的刺青），當越過某個關鍵門檻後，就會成為普遍施加於所有公民的常態安全措施（Agamben, 2008）。這個例外狀態／措施常態化的警告如今似乎已成為老生常談的日常寫照。[27]

　　另一方面，我們也可以參考其他學者對阿岡本的例外狀態理論所提出的質疑與批判。另一位當代重要批判思想家洪席耶（Jacques Rancière），在〈誰是人權的主體？〉（2004）中就曾經表達過不同的觀點。他認為阿岡本對人權的批判來自鄂蘭的難民觀點：難民失去公民權的處境，正凸顯出只剩下人權時的無能為力。但他認為阿岡本只看到了其中的消極面：難民作為人權的載體乃是不具公民身分的生物性存在（裸命），進而證明人權與主權—生命政治的系出同源（Rancière, 2004: 298-300）。然而，相對於這個去政治化的消極面向，洪席耶認為我們更應該看到人權「政治化」的積極性：人權作為「無權利者的權利」並非主權的陷阱，而是政治主體的生成結構。他指出人權的建構有兩個層次：首先，人權是一個共同體中的成員享有自由與平等的權利宣言（規範性的文本）；其次，人權

27　另一段值得對照的公開發言，當然就是 Covid-19 疫情之初他備受批評的反封城評論，詳見譯者序。

是那些將此一宣言在具體個案中加以驗證者的權利（也就是對於規
範文本的具體詮釋與適用）。而這個驗證的過程就是政治主體化的
過程：是那些名義上享有人權，在現實中卻被拒絕的人爭取其具體
實現的過程；也是那些被根本否認擁有公民權的人，透過實際的政
治行動來證明他們同樣具有參與政治的能力與資格的過程（*ibid.*,
302-304）。換言之，人權與公民權、生物性生命與政治生活之間的
差距，不應該被理解為只是有待揭露的虛構騙局，而應該將其扭轉
為一種「算入無份者之份」的革命動力。面對難民的例外處境，洪
席耶因此更強調其作為例外的弔詭所能夠產生的打破重組既有感知
分配秩序的積極力量。[28]

　　站在類似的立場，巴特勒也並未追隨阿岡本對於人權的批判，
而認為我們應該倡議一種能夠限制國家主權的國際人權與義務
（Butler, 2004: 98-100）。王愛華則認為阿岡本將不具公民身分的人
一概視為無助的裸命是一種過度化約。她指出在法律意義的公民權
之外，還有其他的道德資源也可能提供出路（例如宗教），甚至裸
命的處境本身也可能構成道德訴求的基礎，像是「醫療公民權」
（therapeutic citizenship）、「生物性福利」（biological welfare）等等
（Ong, 2006: 24）。納格利與哈德則認為阿岡本過於將例外狀態一般

---

28 關於洪席耶政治思想的相關討論，可參考氏著《歧義》（*La mésentente*）中
　　我們和另外兩位譯者所寫的後記（臺北市：麥田，2011）。關於洪席耶所
　　主張的「異議」作為政治主體化的基本形式，特別是原本沒有資格發言的
　　人（裸命？），如何透過參與而打破既有的言說體制，真正成為民主政治
　　中的「人民」，可參考林淑芬（2005：165-172）。

化，以至於混淆了制憲權與例外狀態的重要區辨。他們認為宣告例
外狀態的制度性權力只屬於掌權者，而非那些試圖奪取或推翻其權
力的行動者。後者所擁有的乃是一種截然不同的「制憲權」。而相
對於阿岡本的例外狀態似乎將「憲制權」（constituted power）與「制
憲權」（constituent power）之間的對抗一筆勾消，納格利則認為這
個對抗性才是例外狀態所在之「永久性內戰」的基礎。換言之，制
憲權／力乃是內在於例外狀態之中、並與之對抗的創造性生命政治
力量（Hardt & Negri, 2004: 364 (n. 37); Negri, 2003）。[29]

　　若再回到貼近我們所處的歷史脈絡，其實阿岡本最早的政治哲
學著作《將來的共通體》（1990）的最終章便是〈天安門〉。文中提
到，中國五月學運的最大特徵就是沒有相對確定的訴求內容（民主
與自由過於空泛，而平反胡耀邦則立即得到允諾）。因此它並非奪
取國家權力的鬥爭，而是國家與非國家（人性）的鬥爭。換言之，
這場運動並未制定新的法律或認同，而只是體現出一種抗拒國家代
表／再現機制的「歸屬本身」，也就是「無論何者」的共通體
（Agamben, 1993: 85）。

　　朱元鴻在本書的精采書評中指出，一九八九年的北京是對比兩
種例外狀態結構完整的例子：一邊是主權者所發布的例外狀態，另

29　一方面，阿岡本確實對於納格利全然肯定制憲權的理論立場有所質疑
　　（Agamben, 1998: 43-44），並在本書中將施密特的「制憲權」理解為例外
　　狀態的法律擬制之一（2.1 至 2.2）。另一方面，他在「聖／牲人」系列的
　　最後一部《身體之用》則進一步提出「解制的潛能」（destituent potential）
　　的概念（Agamben, 2015b: 263-280）。相關討論可參考薛熙平（2016：193-
　　213）。

一邊則是學生和群眾所宣告的例外狀態。一方面，學潮緣起於對胡耀邦的公共追悼（*iustitium*）：自發集結的群眾在數週之中一面將國家權力的象徵中心（天安門廣場）暴露為一個無法地帶，一面組織起新的民主形式。另一方面，在此期間，中共高層對於「戒嚴的必要性」產生了激烈的爭議，而最終仍然「決斷」武力清場。朱元鴻引用阿岡本的結語，認為他的政治色調仍是晦暗的：「無論何處出現這般和平展示他們的共同存在，就會有天安門，而，遲早，坦克將出現」（朱元鴻，2005：215-218）。儘管如此，我們在本書中仍可不時讀到阿岡本對於這種「將來共通體」的彌賽亞式信念與期待。而無論是一九八九年的天安門或是隔年的中正紀念堂（其所引發的政治效應使得懸置憲法長達四十三年的動員戡亂〔例外狀態〕臨時條款在隔年廢除），或許都已埋下了能夠點燃真實例外狀態的火種。

最後，讓我們以幾個月前發生的八八水災為例，對例外狀態的問題提供另一些思考的面向。今年（二〇〇九）八月莫拉克颱風帶來的超大豪雨，引發了嚴重的水災和土石流，造成南部地區巨大的災害。其中受災最為慘重的，是幾個近乎「滅村」的原住民部落。災情期間，社會各界幾乎一面倒地要求馬英九總統仿照九二一地震經驗發布緊急命令，而馬總統則以九二一之後所制定的《災害防救法》已足以因應第一時間的救災工作為由拒絕發布。[30] 我們應該如

---

30 〈八八水災：未發緊急命令，馬認為效力重複〉，《自由時報》，2009/08/12。網址：https://news.ltn.com.tw/news/politics/breakingnews/254180（2023/6/15 瀏覽）。

何看待這個「主權者拒絕宣告例外狀態」的弔詭決斷呢？這難道不是捍衛法治原則、節制權力濫用的「憲法守護者」作為嗎？[31]

　　長期以來，走山與土石流幾乎已是每次臺灣各地遭受暴雨襲擊時必然伴生的現象，而中央與地方政府亦建立了土石流警戒和其他的防災機制。然而在這次水災中相關機制形同虛設，無法發揮應有的作用。或有論者指出，這次的颱風雨量驚人，遠遠超出中央氣象局的預報範圍，因此救災期間不時出現「這種雨下在哪裡都會引發同樣災情」的說法，試圖以人類無法完全預測和抵禦的自然力量，緩解人為救災不力的責任歸咎。[32]

　　事實上，如果我們仔細觀察這次風災，不難發現其中許多村落在南北、城鄉、原漢的結構性差別待遇中，長期處於國土／法律秩序的邊緣、乃至於例外的位置。這些村落的居民，如同顏厥安透過阿岡本的理論所指出的，在這次水災中從「公民」變成「災民」，而其「裸命狀態」正凸顯出人權中對於生命權之基本保障的重要性，同時也暴露出了憲法體制的界限所在（顏厥安，2009）。而我們想要進一步指出，這次災害所凸顯的並不僅止於此，畢竟在憲法中生存／生命權已是每個公民皆享有的基本權利。這次災害所暴露的，毋寧更是看似普遍的「公民」身分內部的差序區分：在此一差序光譜中處於邊緣或界線位置的人們，於正常國土治理（包含災害預防

31　無獨有偶，二○○三年面對 SARS 風暴的陳水扁總統，和二○二○年面對 Covid-19 的蔡英文總統也都做了同樣的決定。

32　類似以「不可抗力」（force majeure）作為債務不履行的免責事由。而這也可被視為「緊急不識法律」的另一種樣態。

與風險管理）中的例外地位，在這次的災變中赤裸地暴露出來。因此，儘管要求總統頒布緊急命令（即「主權者決斷例外狀態」）的呼籲，乍聽之下似乎與法治國背道而馳，但我們或許需要更仔細聆聽其中的深意：那或許正是在正常秩序中持續遭到忽視的「公民」，在此危急時刻，寄望透過緊急命令的非常手段讓自己享有完整公民權的弔詭訴求！換言之，相對於過往常態性的例外排除，「災民」此刻需要的是重新納入，乃至於成為典範。[33] 若是如此，那麼由成為裸命的人民要求發布緊急命令，是否也意味著一種對於主權決斷的挑戰、對於例外狀態的翻轉？

33　關於阿岡本理論中「例外」與「範例」這組概念對偶的討論可參考林淑芬（2016）。

參考書目

中文

王泰升

2001 《臺灣法律史概論》。臺北市：元照出版。

朱元鴻

2005 〈阿岡本「例外統治」裡的薄暮或晨晦〉，《文化研究》創刊號，頁 197-219。

吳冠軍

2016 〈譯者導論：阿甘本的生命政治〉。Giorgio Agamben 著，吳冠軍譯，《神聖人：至高權力與赤裸生命》。北京：中央編譯出版社，頁 7-71。

李鴻禧

1995 〈「動員戡亂時期臨時條款」之民主憲政評估〉，收錄於《戡亂終止後法制重整與法治展望論文集》，中國比較法學會，頁 31-65。

林淑芬

2005 〈「人民」做主？民粹主義、民主與人民〉，《政治與社會哲學評論》第 12 期，頁 141-182。

2016 〈範例與例外：Giorgio Agamben 的政治存有論初探〉，《政治與社會哲學評論》第 56 期，頁 1-67。

林淑芬（主編）

　　2020　《疆界、主權、法》。新竹：交通大學出版社。

范耕維

　　2012　《「生命政治」視角下的刑事政策——以反恐刑事司法「論述」為楔子》，國立臺灣大學法律學研究所碩士論文。

陳新民

　　1990　〈戒嚴法制的檢討〉，收錄於《憲法基本權利之基本理論》（下冊）。臺北市：三民，頁 297-336。

　　2000　〈法治國家與危機——論總統緊急命令權之立法問題〉，《思與言》第 38 卷第 1 期，頁 45-78。

劉紀蕙、林淑芬、陳克倫、薛熙平

　　2011　〈後記〉，收錄於 Jacques Rancière 著，劉紀蕙、林淑芬、陳克倫、薛熙平譯，《歧義：政治與哲學》。臺北市：麥田出版。

萬毓澤

　　2006　〈義大利自主主義運動與政治馬克思主義：對《帝國》的脈絡化解讀與批判〉，《政治與社會哲學評論》第 18 期，頁 93-149。

薛熙平

　　2016　《例外狀態之戰：施密特與阿岡本的法哲學對話》，國立交通大學社會與文化研究所博士論文。

　　2020　〈主權—例外狀態的弔詭：從阿岡本重返施密特〉，《政治與社會哲學評論》第 72 期，2020 年 6 月，頁 199-271。

蘇哲安

2001　〈沒有「世界」以後的主權欲望：永久性的非常狀態與
　　　生物政治——回應 Partha Chatterjee 的演講〉,《文化研
　　　究月報》創刊號。

顏厥安

2005　「〈反分裂國家法〉的法律性：從法律觀點談其對於臺灣
　　　的影響」座談／記者會發言,收錄於《當代》第 212 期,
　　　頁 67-89。

2009　〈災難與人權——對莫拉克災難的幾個反省〉,《臺灣民
　　　主季刊》第 6 卷第 3 期,頁 169-78。

外文

Agamben, Giorgio.

1991　*Language and Death: The Place of Negativity.* Trans. by Karen
　　　E. Pinkus with Michael Hardt, Minneapolis: University of
　　　Minnesota Press.

1993　*The Coming Community.* Trans. by Michael Hardt, Minneapolis:
　　　University of Minnesota Press.

1998　*Homo Sacer: Sovereign Power and Bare Life.* Trans. by Daniel
　　　Heller-Roazen, Stanford: Stanford University.

2000　*Means without End: Notes on Politics.* Trans. by Vincenzo
　　　Ginetti and Cesare Casarino, Minnesota: University of
　　　Minnesota Press.

2001 "Security and Terror." Trans. by Carolin Emcke, *Theory & Event* 5(4).

2004 "An Interview with Giorgio Agamben," interviewed by Ulrich Raulff, trans. by Morag Goodwin, *German Law Journal*, 5(5): 609-614.

2007 *Infancy and History: The Destruction of Experience*. Trans. by Liz Heron, New York: Verso.

2008 "No to Biopolitical Tattooing," Trans. by Stuart J. Murray, *Communication and Critical/Cultural Studies*, 5(2): 201-202.

2009 *What is an Apparatus? And Other Essays*. Trans. by David Kishik and Stefan Pedatella, Stanford: Stanford University Press.

2015a *Stasis: Civil War as a Political Paradigm*. Trans. by Nicholas Heron, Stanford: Stanford University Press.

2015b *The Use of Bodies*. Trans. by Adam Kotsko, Stanford: Stanford University Press.

Arendt, Hannah.

1973 *The Origins of Totalitarianism*. New York: A Harvest Book.

Butler, Judith.

2004 *Precarious Life: The Power of Mourning and Violence*, New York: Verso.

de la Durantaye, Leland.

2009　*Giorgio Agamben: A Critical Introduction*, Stanford, CA: Stanford University Press.

Derrida, Jacques.

2009　*The Beast and the Sovereign*, vol. 1. Trans. by Geoffrey Bennington. Chicago: University of Chicago Press.

Foucault, Michel.

1990　*The History of Sexuality*, vol. 1. Trans. by Robert Hurley. New York: Vintage Books.

Hardt, Michael.

1996　"Introduction: Laboratory Italy," in *Radical Thought in Italy: A Potential Politics*. Paolo Virno and Michael Hardt, eds. Minneapolis: University of Minnesota Press, pp. 1-9.

Hardt, Michael, and Negri, Antonio.

2004　*Multitude: War and Democracy in the Age of Empire*, New York: Penguin Press.

Lin, Shu-Fen, and Schive, Hsi-Ping.

2005　"From Anti-Communist Martyrs to Illegal Immigrants: Taiwan as a State of Exception," paper presented at *Pólemos, Stásis: An International Symposium*, Yilan, June 24-27, 2005.

Negri, Antonio.

2003　"The Ripe Fruit of Redemption," Trans. by Arianna Bove. https://www.generation-online.org/t/negriagamben.htm.

Mills, Catherine.

   2006   "Agamben," in *Internet Encyclopedia of Philosophy*. https://
      iep.utm.edu/agamben/.

Ong, Aihwa.

   2006   *Neoliberalism as Exception: Mutations in Citizenship and
      Sovereignty*, Durham: Duke University Press.

Rancière, Jacques.

   2004   "Who Is the Subject of the Rights of Man?" *South Atlantic
      Quarterly*, 103(2/3): 297-310.

Schmitt, Carl.

   2005   *Political Theology: Four Chapters on the Concept of Sovereignty*.
      Trans. by George Schwab. Chicago: University of Chicago
      Press,

Solomon, Jon D.

   2004   "Taiwan Incorporated: A Survey of Biopolitics in the
      Sovereign Police's Pacific Theater of Operations," in *Impacts
      of Modernities* (Traces: A Multilingual Series of Cultural
      Theory and Translation, Vol. 3). Thomas Lamarre and Kang
      Nae-hui, eds. Hong Kong: Hong Kong University Press, pp.
      229-254.

你們法律人為何對那與你們切身之事保持沉默？

Quare siletis juristæ in munere vestro?

第一章

例外狀態作為治理的典範

Lo stato di eccezione come paradigma di governo

1.1　例外狀態與主權之間所具有的本質上的親近性，已經由卡爾・　9
施密特（Carl Schmitt）在他的《政治神學》（*Politische Theologie*, 1922）
一書中予以確立。儘管他對於主權者作為「決斷例外狀態者」的著
名定義已廣受評論和討論，然而直到今天在公法領域中仍然欠缺關
於例外狀態的理論，而法學家與公法學者也似乎仍將這個問題視為
一個事實問題（*quæstio facti*），而非真正的法律問題。這樣的一種理
論的正當性，不僅被那些遵循著古老格言「迫切無法」（*necessitas
legem non habet*）的作者們所否定 [1]——他們依此主張作為例外狀態
之基礎的迫切狀態（stato di necessità）無法具有法的形式——甚至
連對於這個詞彙的界定本身，都因為它正處於政治與法律的交界處
而變得極為困難。根據一個流傳甚廣的觀點，例外狀態確實構成了
「公法與政治現實之間的失衡點」（Saint-Bonnet, 2001, p. 28），而如
同內戰、造反與抵抗一般，處於一個「模糊而不確定的邊緣地帶，
法律與政治的交界之處」（Fontana, 1999, p. 16）。於是在此關於邊
界的問題便愈發緊迫：如果例外措施是政治危機時期的產物，因此
應該被納入政治而非法律—憲法的場域（De Martino, 1973, p.
320），那麼它就會發現自己處於一個弔詭的情境中：在此法律措施　10
無法從法律的角度加以理解，而例外狀態則被呈現為那些無法具有
法律形式者的法律形式。但另一方面，如果例外是法律用來指涉生
命、並藉由其本身的懸置而將生命納入自身之中的原初裝置，那麼

1　這句法諺通常譯為「緊急不識法律」。關於譯語的選擇，以及迫切／必要
　　性（necessitas, necessità, necessity）的進一步討論請見 1.9 及 1.10。

一個關於例外狀態的理論就會是一個初步的條件，讓我們得以定義這個將活著的人既連結、同時又棄置於法律之中的關係。

這個在公法與政治現實、以及法秩序與生命之間的無人地帶，正是現在的這個研究試圖探究的。唯有當覆蓋著這個不確定地帶的面紗終於被揭開時，我們才能夠更好地理解在政治性與法律性、以及在法律與生命的差異之中──或是在其被假定的差異之中──所涉及的賭注。或許也唯有到了那時我們才能夠回答那在西方政治史中從未停止迴盪的問題：何謂政治地行動？

1.2 讓例外狀態如此難以定義的原因之一，當然是它與內戰、造反與抵抗之間所具有的緊密關係。正因內戰乃是正常狀態的對立面，它便處於一個與例外狀態之間具有無可決定性的地帶，因為例外狀態正是國家權力面對最極端之內部衝突的直接回應。因此在二十世紀的進程中，人們得以目睹一個被有效地定義為「合法內戰」的弔詭現象（Schnur, 1983）。讓我們以納粹德國為例。當希特勒一掌權（或者應該更準確地說，當他一被授予權力），他就在二月二十八日發布了「人民與國家保護令」，懸置了威瑪憲法關於個人自由的條文。這個命令從未廢止，因此從法律的觀點而言，可以把整個第三帝國理解為一個持續了十二年的例外狀態。在這個意義上，現代極權主義可以定義為：透過例外狀態對於合法內戰的建制。它不僅容許在物理上消滅政治敵人，也容許消滅基於某種原因而無法被整合進政治體系的一整個範疇的公民。從此以後，有意地創造出一種恆常的緊急狀態（即便可能在技術上並未正式宣告），便成為當代國

家的重要實踐之一，而這同時也包含了那些所謂的民主國家。

　　面對著被定義為「世界內戰」之無法遏止的進程，例外狀態愈來愈呈現為主導著當代政治的治理典範。這個從暫時與例外性的措施到治理技術的位移，勢將根本地改變、事實上也已經顯著地改變了，關於憲政形式的傳統區分的結構與意義。甚至從這個觀點看來，例外狀態就像是民主與專制之間的一道無法確定的閾界（soglia）。[2]

※「世界內戰」的說法在同一年（1963）出現在漢娜・鄂蘭（Hannah Arendt）的《論革命》與施密特的《遊擊隊理論》中。相對於此，我們將會看到「真實的例外狀態」（état de siège effectif）與「擬制的例外狀態」（état de siège fictif）的區分則可以追溯到法國的公法學，並在萊納赫（Theodor Reinach）的《論戒嚴狀態：歷史與法律研究》（De l'état de siège. Étude historique et juridique, 1885）一書中就已經得到清晰的闡述。而這也是施密特與班雅明（Benjamin）之間關於真實例外狀態與擬制例外狀態之對立的起源。在這層意義上，盎格魯—撒克遜法學則偏好想像的緊急狀態（fancied emergency）的說法。至於納粹法學家們，則是毫不掩飾地談論一種意欲的例外狀態　　12

2　soglia（threshold）本意為「門檻」，引伸有界限之意，如「視閾」。soglia是阿岡本思想的重要概念，他的研究視角往往聚焦於某一事物領域的極限狀態，也就是該系統與其「外部」的交界地帶。以本書的主題「法律」或「法秩序」為例，透過「例外狀態」所考察的便是法秩序的界限所在。而這個界限地帶同時也就是法律與「事實」、「政治」或「生命」等被預設為外於法律系統之事物的交會地帶。因此選擇將 soglia 譯為「閾界」。

與「戒嚴法」（legge marziale）[5]的概念表達了某種與戰爭狀態的關連，而這個關連不僅在歷史上曾經具有決定性，如今也依然存在，不過它們卻也顯示出了其並不適合用來界定這個現象所特有的結構，從而必須透過「政治的」或「擬制的」加以補充修正，但這本身也具有某種誤導性。例外狀態不是一種特別法（如戰爭法），而是，透過法秩序本身的懸置，它因此界定了法秩序的閾界或「界限概念」。

※ 在這個意義上，「政治的或擬制的戒嚴狀態」這個術語的歷史十分具有啟發性。它源自於針對一八一一年十二月二十四日拿破崙命令的法國學說，這個學說提供了皇帝可以宣告戒嚴狀態的另一種可能性：他可以在一個城市除了真正遭受敵軍攻擊或直接威脅之外的情境宣告戒嚴，「只要情勢要求賦予憲兵更多的武力與行動，而不必然要將該地區置於戒嚴狀態之中」（Reinach, 1885, p. 109）。戒嚴狀態本身的制度起源則是一七九一年七月八日法國制憲會議的命令：這個命令區分了「和平狀態」（*état de paix*），其中軍事機關與民政機關各自在其固有的領域中行動；「戰爭狀態」（*état de guerre*），其中民政機關必須與軍事機關協同行動；以及「戒嚴狀態」（*état de siège*），其中「所有民政機關為了維持秩序與境內治安而被賦予的職權都移交給軍事指揮官，在其完全的責任下行使」（*ibid.*）。這個命令原本只針對軍事要塞與軍港，然而，在共和曆五年果月十九日

---

5 即 martial law，本意為「戰時法」。

的法律中，督政府（Direttorio）將國內的市鎮（comuni）也視同要塞。而在同一年果月十八日的法律中，它則賦予自己宣告一個城市進入戒嚴的權利。戒嚴狀態的後續發展，也就成為一段從其原本所關連的戰爭情境中逐漸解放出來，轉而作為對付國內失序與叛亂的非常治安手段的歷史。它也因此從真實的或軍事的戒嚴狀態，轉變成為擬制的或政治的戒嚴狀態。無論如何，重要的是不要忘記現代的例外狀態乃是民主—革命傳統的產物，而非君主專制的產物。

關於懸置憲法的想法則是在共和曆八年霜月二十二日的憲法中首度引入，其第九十二條規定：「於武裝叛亂或危及國家安全之暴動之情形，得以法律於其所定之區域及期間內，懸置憲法之適用。該懸置亦可於同一情形中，由政府於立法機關休會期間以命令暫時宣告，但須於同一命令中明訂應盡速召集立法機關。」而這些城市或地區則被宣告為「外於憲法」（hors la constitution）。雖然一方面（在戒嚴狀態中），相關的典範是在戰爭時期將軍事機關所擁有的權力延伸到民政領域，而另一方面則是憲法的懸置（或是那些關於個人權利保障的憲法規範），然而隨著時間的推移，這兩種模式最後終究匯集成了我們稱之為例外狀態的獨特法律現象。

※「全權」（pleins pouvoirs）這個有時被用來描述例外狀態特徵的說法，指的是政府權力的擴張，特別是賦予行政部門發布具有法律效力之命令的權力。這個說法來自於「完滿權力」（plenitudo potestatis）的概念，而在現代公法學術語的真正實驗室——教會法——得到闡釋。這個概念的預設是：例外狀態意味著回到某種原初的完滿狀

態，其中不同權力之間的區分（立法、行政等等）尚未被創造出來。
而將如我們所見，例外狀態所構成的毋寧是一種空虛狀態（stato
kenomatico）、一個法的空缺。相較之下，關於權力的原初無所區
分和豐盈的想法，則應該被視為某種法律神話的主題，就像是自然
狀態的想法一樣（而正是施密特曾經援用過這個神話主題則絕非偶
然）。無論如何，「全權」這個術語界定了行政權力在例外狀態期間
的一種可能的行為模式，但並非完全與其重合。

1.5　在一九三四到一九四八年間，面臨著歐洲民主的崩壞，有關例
外狀態的理論經歷了一段特殊的機緣（儘管它在一九二一年已經首
度單獨出現在施密特的《獨裁》一書中）。但值得注意的是，這個
機緣是以一種偽裝的形式降臨在所謂「憲政獨裁」（dittatura
costituzionale）的爭論上。

　　這個已經在德國法學家的著作中出現、用來指稱帝國總統依據
威瑪憲法第四十八條之例外權力的術語（參見普洛伊斯〔Hugo
Preuss〕，《依據帝國憲法的獨裁》〔Reichsverfassungsmäßige Diktatur〕），
接著被不斷提起並加以發展：華特金斯（Frederick M. Watkins）的
〈憲政獨裁的問題〉（The Problem of Constitutional Dictatorship, Public
Policy, 1940）、弗里德里希（Carl J. Friedrich）的《憲政治理與民主》
（Constitutional Government and Democracy, 1941），以及，最後，羅西
特（Clinton L. Rossiter）的《憲政獨裁：現代民主中的危機治理》
（Constitutional Dictatorship: Crisis Government in the Modern Democracies,
1948）。而在此之前，至少也必須提到瑞典法學家廷斯滕（Herbert

Tingsten）的《全權：大戰之間和之後的政府權力之擴張》（*Les Pleins pouvoirs. L'expansion des pouvoirs gouvernamentaux pendant et après la Grande Guerre*, 1934）。這些著作儘管本身相當分歧，且整體而言對於施密特理論的依賴要大於初次閱讀的印象，然而它們卻仍然具有同等的重要性。因為它們乃是關於民主政體之轉變的首次紀錄：這些著作記錄了這個轉變如何受到在兩次大戰期間行政權逐步擴張的影響，以及更一般而言，伴隨和尾隨著戰爭的例外狀態的影響。他們可說是某種先知，宣告了如今已歷歷在目的事情——從那時起，「例外狀態……已經成為常規」（Benjamin, 1942, p. 697）。例外狀態不僅愈來愈呈現為一種治理技術而非例外措施，同時也暴露出了它作為法秩序之構成性典範的本質。

廷斯滕的分析聚焦於一個深刻地標示出現代議會政體之演變的重要技術問題：行政權透過發布命令與措施延伸到了立法領域，而這正是來自於那些稱為「全權」的法律所包含的授權。「我們所理解的全權法，就是那些賦予行政機關極為罕見的廣泛管制權力的法律，特別是可以透過命令修正或廢止現行法律的權力」（Tingsten, 1934, p. 13）。正因為具有這種性質的法律——它應該僅限於面對必要急迫的例外處境時才頒布——抵觸了作為民主憲政基石的法律與行政命令（regolamento）間的階層關係，並授予了政府原本應該專屬於國會的立法權，所以廷斯滕試圖檢視在一系列的國家中（法國、瑞士、比利時、美國、英國、義大利、奧地利與德國）源自一戰期間政府權力的系統性擴張所導致的狀況。當時許多的參戰國（甚至是中立國，如瑞士）都宣告了戒嚴狀態，或是頒布了全權法。

外措施，恰好正是導致其崩壞的同一批措施：

> 沒有任何一種制度性保障可以確保緊急權力實際上被用來挽救
> 憲法。唯有透過人民自己對於這些權力是否真的被如此運用進
> 行確認的決心，才得以確保此事……這些現代憲政體制中近乎
> 獨裁的規定，諸如戒嚴法、戒嚴狀態或是憲法緊急權，都無法
> 實現對於權力集中的有效控制。因此，一旦得到有利的條件，
> 所有這些制度都具有轉化為極權體制的風險。（ *ibid.*, 584）

18

　　最後，正是在羅西特的書中，這些困境爆發成為公開的矛盾。
有別於廷斯滕和弗里德里希，羅西特明確試圖透過廣泛的歷史考察
來正當化憲政獨裁。他的假設是：既然民主政體及其複雜權力平衡
機制的運作所設想的是正常的情境，「一旦進入危機時期，憲政治
理就必須在一切必要的程度上加以改造，以解除危險並回復正常情
境。而這個改造將無可避免地意味著一個更加強大的政府：亦即，
政府擁有更多權力，而人民擁有更少權利」（Rossiter, 1948, p. 5）。
羅西特已經意識到了憲政獨裁（即例外狀態）事實上已經成為一種
治理典範（「一個憲政治理已明確建立的原則」〔p. 4〕），並且正因
此而充滿了危險。然而，這個典範的內在必要性卻正是他想要試圖
證明的。然而抱持著這種企圖心的他，卻陷入了無可救藥的矛盾之
中。他所評斷為「偶而具有開拓性」（p. 14）並嘗試加以修正的施
密特裝置，事實上並沒有這麼容易應付：其中委任獨裁與主權獨裁
的區分並非本質性而是只是程度上的，並且具有決定性的形象無疑

乃是後者。儘管羅西特足足提供了十一項區辨憲政獨裁與非憲政獨
裁的判準，其中卻沒有任何一項足以界定出兩者間的實質差異，或
是阻斷從一者過渡到另一者的通道。事實上，其中絕對必要性和暫
時性這兩個核心判準（而所有其他的判準最終都可被化約為這兩
個），就已經抵觸了羅西特心知肚明的事，那就是例外狀態如今已
然成為常規。「在整個世界正在步入的核子時代中，憲政緊急權的
運用很有可能將成為常規而非例外」（p. 297）。或是他在書的尾聲
所更加清楚呈現的：

> 透過對於西方民主緊急治理的描述，本書或許會給人以下印
> 象：諸如行政獨裁、立法授權、以及透過行政命令進行立法等
> 治理技術的本質，都只是純粹過渡與暫時性的。但這樣的印象
> 無疑將是一種誤導⋯⋯。在這裡被描述為危機中的暫時裝置的
> 這些治理工具，已經在某些國家、並最終可能將在所有國家中
> 成為承平時期也同樣存在的常設制度。（p. 313）

　　這個在班雅明論歷史的概念第八點中首度獲得表述，而在八年
之後由羅西特再度提出的預言，無疑是正確的。然而作為本書結語
的這段話卻聽來更加詭譎：「為了民主，我們不惜一切犧牲，遑論
民主本身的暫時犧牲」（p. 314）。

1.6 在針對例外狀態於西方國家法律傳統中的處境所為的檢視中，
可以看到一個原則上十分明確、但實際上則遠為模糊的區分：一邊

是透過憲法條文或法律來規範例外狀態的體制，另一邊則是偏好不明文規範相關問題的體制。在前者中有法國（現代例外狀態於大革命期間的誕生地）及德國，後者則有義大利、瑞士、英國與美國。因此在學說上也相應分為兩派作者：一派堅持可以事先透過憲法或法律來規範例外狀態，而另一派（站在最前線的人之一就是施密特），則對於這種想要透過法律來規制那在定義上就無法規範者的自大予以毫不留情的批判。雖然在形式憲法的層次上這個區分無疑是重要的：至少在第二種體制的預設中，政府在法律之外或是抵觸法律的行為在理論上可被認定違法，因此必須透過特別制定的除罪法（*bill of indemnity*）加以補救。然而在實質憲法的層次上，某種像是例外狀態的做法則普遍存在於所有上述體制中，並且，至少從第一次世界大戰開始，這個制度的歷史就顯示出它的發展乃獨立於它在憲法或法律上的明文規範。因此，當威瑪共和在其憲法第四十八條中規定了帝國總統在「公共安全與秩序」（*die öffentliche Sicherheit und Ordnung*）受到威脅時所擁有的權力，在德國，例外狀態無疑就發揮了比在義大利或法國更關鍵的作用。在義大利，這個制度並沒有明文規定，而在法國則是透過一部法律加以規範，並仍然經常大量仰賴戒嚴狀態及命令立法。

1.7　我們在例外狀態的問題與抵抗權的問題之間，可以看到明確的類似性。關於將抵抗權納入憲法文本的適切性已經受到廣泛的討論，特別是在制憲會議期間。在現行義大利憲法的草案中，因此曾經有過這麼一個條文：「當公權力侵害基本自由及受憲法保障之權

21 利時，對於壓迫的抵抗便是公民的權利與義務。」這個援引自天主
教陣營最富聲望的代表人物之一多塞蒂（Giuseppe Dossetti）的建議
的提案遭到了強烈的反對。在辯論過程中，主張不可能用法律來規
範那在本質上就跳脫實證法範圍的事物的意見占了上風，這個條文
也因此並未通過。然而，在德意志聯邦共和國的憲法中卻出現了一
個條文（第二十條），毫不猶豫地將抵抗權加以法制化，正面肯認
「面對試圖廢除此一秩序〔民主憲法〕的任何人，若別無其他救濟
可能性，則所有德國人都擁有抵抗的權利」。

　　此處的論辯完全對稱於另一場論辯，其中主張透過憲法條文或
是特別法將例外狀態法制化的倡議者，堅決地反對另外那些認為例
外狀態完全不適合從規範上進行規制（regolamentazione normativa）
的法學家。無論如何，可以確定的是，如果抵抗變成一種權利，甚
至是一種義務（不履行將會受到處罰），那麼不僅憲法最終將自我
設定為一種絕對不可侵犯且無所不包的價值，公民的政治選擇最終
也將完全透過法律來加以規範。事實上，無論是在抵抗權還是例外
狀態中，最終真正的爭議所在其實是以下問題：一個本身外於法律
的行動領域的法律意義究竟為何？在此有兩種論點相互對立：一種
主張法／權利（diritto）[6] 應該與規範（norma）一致，另一種則主張
法／權利的領域超出了規範之外。然而這兩種立場最終卻共同支持
一個主張：必須排除一種完全逸脫於法／權利的人類行動場域的存
在。

6　義大利文的 diritto，如同德文 Recht 和法文 droit，同時具有廣義的「法」
　　（相對於狹義的、立法制訂的「法律」〔legge〕），以及「權利」的雙重意涵。

※ **例外狀態簡史** 我們已經見識到戒嚴狀態是以何種方式發源於法國的大革命期間。在一七九一年七月八日經由制憲議會的命令創設之後，隨著一七九七年八月二十七日的督政府法律（la legge direttoriale），以及最終一八一一年十二月二十四日的拿破崙命令，它終於獲得了「擬制或政治的戒嚴狀態」（état de siège fictif o politique）的真面目（參見 1.4 附論）。至於「懸置憲法」（de l'empire de la constitution）的觀念，亦如我們所見，則是在法蘭西共和曆八年霜月二十二日的憲法中被引入。一八一四年的《憲章》（Charte）第十四條則賦予了君王「實施對於執法與國家安全而言必要之規定與命令」的權力。基於這條規定的空泛性，夏多布里昂（Chateaubriand）指出，「很可能在某個美麗的早晨，整個憲章都因為這第十四條而被沒收。」戒嚴狀態在一八一五年四月二十二日的憲法《附帶條文》（Acte additionnel）中被明文提及，並規定只有透過法律才得以宣告。此後，在十九與二十世紀的進程中，針對戒嚴狀態的立法就明確地標示出、同時也界定了法國的憲政危機時期。七月王朝垮臺之後，制憲議會於一八四八年六月二十四日透過命令宣告巴黎進入戒嚴，並交由卡韋雅克（Cavaignac）將軍負責恢復城市的秩序。在一八四八年十一月四日的新憲法中因此納入了一個條文，規定戒嚴狀態的時機、形式與效果必須透過法律加以明訂。此後，法國傳統的主導原則便是（雖然如我們所見，並非毫無例外）：懸置法律的權力只能夠屬於制定它的同一權力，也就是議會（相對於此，德國的主流傳統則是將這個權力賦予國家元首）。一八四九年八月九日的法律隨即規定了政治性的戒嚴狀態可由議會（或補充性地由國家

元首），在外部或內部安全產生急迫危險時加以宣告（後來則受到一八七八年四月三日的法律部分加以修正限縮）。拿破崙三世曾經數度訴諸這部法律，而一旦他掌權之後，就在一八五二年一月的憲法中將宣告戒嚴狀態的權力完全收歸國家元首。其後隨著普法戰爭和公社起義的爆發，則同步啟動了例外狀態史無前例的普遍化：有四十個省宣告例外狀態，其中部分一直持續到一八七六年。基於這些經驗，並在一八七七年五月麥克馬洪（Mac Mahon）領導的政變失敗後，一八四九年的法律才再度被修正為：戒嚴狀態唯有透過法律才能在發生「由對外戰爭或武裝叛亂所引發之急迫危險」的情況下加以宣告（或是當議會不在會期中時，得由國家元首宣告，但必須在兩日內召集議會〔一八七八年四月三日的法律第一條〕）。

　　隨著一次世界大戰的爆發，大部分的參戰國家都同步宣告了持續性的例外狀態。一九一四年八月二日，龐加萊（Poincaré）總統發布了一道使整個國家進入戒嚴狀態的命令，並在兩天後由議會轉化為法律。這個戒嚴狀態的效力一直持續到一九一九年十月十二日才終止。雖然議會的運作在戰爭的前六個月暫時停擺，但在一九一五年一月重新召開後，事實上大部分通過的法律都只是對於行政部門的單純立法授權。例如一九一八年二月十日的法律便授予政府可以透過命令管制糧食生產交易之實際上的絕對權力。廷斯縢已然指出，透過這樣的方式，行政權已將自身轉變成為實質上的立法機關（Tingsten, 1934, p. 18）。無論如何，正是在這段期間，透過行政命令進行例外立法成為了歐洲民主國家普遍流行的一種做法（而如今我們已太過習以為常）。

一如人們所料，行政權在立法領域的擴張在戰爭結束之後依然持續發展，並且重要的是，藉由在戰爭與經濟之間建立起某種隱含的相似性，軍事性的緊急狀態如今便讓位給了經濟性的緊急狀態。一九二四年一月，在一個威脅到法郎穩定性的重大危機時刻，龐加萊政府要求擁有關於金融事務的完全權力。經過一場尖銳的辯論後——反對黨指出，這無異於議會放棄了自身的憲法權力——這部法律在三月二十二日獲得通過，並將政府的特別權力限制在四個月內。類似的措施也在一九三五年由拉瓦勒（Laval）政府向議會提出，而其隨後便發布了超過五百個「具有法律效力」的命令以阻止法郎貶值。當時由布魯姆（Léon Blum）領導的左派在野黨對這個「法西斯」的做法提出了強烈的反對。但值得留意的是，一旦他們與人民陣線（Fronte popolare）聯合執政時，左派政府就在一九三七年六月向議會要求完全權力以促使法郎貶值、建立外匯管制及開徵新稅。已有學者指出（Rossiter, 1948, p.123），這意謂著在戰爭期間所展開的、透過行政命令進行立法的新做法，已廣為所有的政治勢力接受。一九三七年六月三十日，被拒絕給予布魯姆的權力被賦予了秀東（Chautemps）政府，其中幾個重要職位則由非社會主義者擔任。一九三八年四月十日，達拉第（Édouard Daladier）則向議會要求並得到了透過命令立法的例外權力，以同時對抗納粹德國的威脅和經濟危機。針對這樣的模式，我們可以說，直到第三共和結束時「議會民主的正常程序都處於懸置狀態中」（*ibid.*, p.124）。重點是，當我們致力於研究所謂的獨裁政體在義大利與德國的崛起過程時，莫忘了這個在兩次大戰期間同步發生的民主憲政體制的轉變。在例

的第六十八條，其規定在「帝國領土上公共安全受到威脅」的情況下，授予皇帝宣告帝國的某一部分處於戰爭狀態（*Kriegszustand*）的權力，而其實施方式則參照普魯士一八五一年六月四日關於戒嚴狀態的法律。在隨著戰爭結束而來的失序與暴動中，負責投票通過新憲法的國民會議代表們，在以普洛伊斯（Hugo Preuss）為首的法學家協助下納入了一個賦予帝國總統極為廣泛之例外權力的條文。第四十八條的規定如下：當德意志帝國之安全與公共秩序遭受嚴重（*erheblich*）侵害或威脅時，帝國總統得採取為回復安全與公共秩序之必要措施，如需要並得訴諸武力。為達此一目的，帝國總統得懸置第一一四、一一五、一一七、一一八、一二三、一二四及一五三條所定之全部或部分基本權利（*Grundrechte*）。

該條並附帶規定應由法律明訂此一總統權力的施行細節。然而因為這部法律從未通過，總統的例外權力也就始終處於高度不確定的狀態。這不僅使得學說在論及第四十八條時經常使用「總統獨裁」這樣的說法，施密特在一九二五年更得以寫道：「地球上沒有任何一部憲法像威瑪憲法一樣，可以如此輕易地合法化一場政變。」（Schmitt, 1995, p. 25）

共和政府從布呂寧（Brüning）開始便持續運用第四十八條來宣告例外狀態，並發布了超過二百五十次的緊急命令（除了一九二五至一九二九年間的相對休止外）。[7] 在其眾多運用中，包含政府透過

7　此處阿岡本的行文似乎容易產生誤導：事實上，布呂寧是在一九三〇年三月才上臺執政，而這二百五十餘次的緊急命令則是整個威瑪時期所發布的總數（參照 Rossiter, *Constitutional Dictatorship*, 2002, p. 33）。

這個條文對於數千名共產主義好戰分子加以監禁，並設立得判處死刑的特殊法庭。更多時候，特別是在一九二三年的十月間，政府則訴諸這個條文來對抗馬克的暴跌。這也呼應了將政治—軍事的緊急狀態與經濟危機並置的現代趨勢。

　　人們都曉得威瑪共和末期是如何地完全在例外狀態體制中度過。相較之下，較鮮為人知的觀點則是：假如這個國家不是在將近三年之中一直處於總統獨裁下，或是如果議會依然保持運作，希特勒或許就不會掌權。一九三〇年七月，布呂寧政府成為少數執政。然而，相對於提出辭呈，他獲得了興登堡（Hindenburg）總統動用第四十八條並解散帝國眾議院（Reichstag）的支持。從這時起，德國實際上已不再是一個議會制的共和國。在接下來的這段期間中，議會總共只集會了七次，總計不超過十二個月。其間社會民主黨與中央黨（centristi）所組成的脆弱聯盟，只能夠站在一旁看著當時完全仰賴帝國總統支持的政府。一九三二年，興登堡擊敗希特勒與泰爾曼（Thälmann）再度當選後，他就迫使布呂寧辭職，並提名中央黨的馮帕彭（von Papen）取而代之。而帝國眾議院在六月四日被解散之後，便直到納粹上臺前都未再召開。七月二十日，普魯士地區被宣告進入例外狀態，馮帕彭被任命為接管普魯士的帝國代表，拔除了布勞恩（Otto Braun）的社民黨政府。

　　對於德國在興登堡總統統治下所處的例外狀態，施密特曾以總統作為「憲法守護者」而採取行動的觀點在憲法的層次上加以正當化（Schmitt, 1931）。然而，威瑪共和的終結卻正好清楚表明：相反的，「防衛性民主」（democrazia protetta）根本不是民主，而憲政

26

獨裁的典範則是一種將致命地導向極權體制建立的過渡階段。

有鑑於此，我們可以理解為何戰後聯邦共和國的憲法並未提及例外狀態。然而，在一九六八年的六月二十四日，基督教民主黨與社會民主黨所組成的「大聯合政府」投票通過了一條修憲的法律（*Gesetz zur Ergänzung des Grundgesetzes*），重新引入了例外狀態（其被定義為「國內緊急狀態」（*innere Notstand*））。於是帶著某種無意的反諷，在這個制度的歷史中，例外狀態的宣告頭一次不只是為了保衛安全與公共秩序，而是為了捍衛「民主自由的憲法」。防衛性民主已然成為常規。

一九一四年八月三日，瑞士聯邦議會授予聯邦委員會（Consiglio federale）「採取為保障瑞士之安全、完整及中立之一切必要措施之無限權力」。這個非比尋常的動作——一個非參戰國透過這樣的授權所賦予其行政部門的權力，甚至比直接捲入戰爭的國家政府所獲得的權力更為廣泛和不確定——所引發的論辯令人深感興趣。這些爭議不只發生在議會本身，更進一步延伸到一般民眾向瑞士聯邦法院提起的違憲訴訟中。較之憲政獨裁理論早了將近三十年，這些瑞士法學家不屈不撓的嘗試在在顯示：例外狀態理論絕非反民主傳統的專屬遺產。例如華德基希（Waldkirch）和布克哈特（Burckhardt）試圖從憲法條文本身導出例外狀態的正當性（根據第二條規定：「邦聯（Confederazione）之目的在於確保祖國獨立於外國統治，並維持國內秩序與安寧」）；赫爾尼（Hoerni）和弗萊納（Fleiner）則將其奠基於「國家存在所固有之」必要權利；希斯（His）則主張它

的正當性來自於必須由例外規定加以填補的法律漏洞。

例外狀態在義大利的歷史與法律處境，從它乃是透過緊急行政命令（decreti governativi di urgenza，也就是所謂的「法律命令」（decreti-legge））的方式進行立法的角度來看具有特別的意義。的確，就此而言義大利可説是一個真正的政治—法律實驗室，組織發展著一個同時也在歐洲其他國家以不同方式呈現的過程，其中法律命令「從一種制定規範的偏差與例外手段，變成了法律制定的日常來源」（Fresa, 1981, p. 156）。而這也意味著，正是這樣一個政府經常處於不穩定狀態的國家，向我們闡示了民主如何從議會制轉變為行政制（governamentale）的重要典範。無論如何，正是在這個脈絡中，發布緊急命令對於例外狀態這個棘手場域的重要性得以清晰浮現。阿貝帝諾憲章（Statuto albertino）在這點上（一如其他的共通點）和現行的共和憲法一樣都沒有提到例外狀態。即便如此，王國政府依然多次訴諸戒嚴狀態（stato di assedio）的宣告：在一八六二與六六年於巴勒摩（Palermo）及西西里省、一八六二年在拿坡里、一八九四年在西西里與盧尼加納（Lunigiana）、以及一八九八年在拿坡里和米蘭，並且因為在最後這兩個地方對於暴動的鎮壓特別血腥，而在議會引發了激烈的辯論。至於一九〇八年十二月二十八日在莫西納（Messina）和雷丘卡拉布里亞（Reggio Calabria）的大地震之後所宣告的戒嚴狀態，則只是表面看來像是另一種獨立的事態：不僅宣告的理由最終還是基於公共秩序（用來鎮壓災後的趁火打劫），就理論而言同樣深具意義的是，它提供了羅馬諾（Santi

Romano）和其他的義大利法學家一個闡述以下命題的天賜良機（對此我們之後將會仔細探究）：迫切／必要性（necessità）乃是法律的首要來源。

　　在所有這些案例中，戒嚴狀態都是透過國王命令的方式加以宣告。儘管在命令中並未包含任何的國會同意條款，這些命令就如那些與戒嚴狀態無關的緊急命令一樣，都總是會得到國會批准（因此在一九二三與一九二四年，數千個在前幾年發布但尚未處理的法律命令就一起被包裹式地轉化為法律）。一九二六年，法西斯政權頒布了一部明文規定法律命令相關事項的法律。該法第三條規定，經內閣會議討論後得以國王命令發布「具有法律效力的規範，若（1）政府已就此得到法律的授權，且在該法律的授權範圍內；或（2）在非常情況下，出於急迫且絕對必要之事由。對必要性和緊急性之判斷不受國會政治監督外之其他監督」。而在第二項所規定的命令中，尚須包含該命令必須交由國會轉化為法律的條款。然而在法西斯政權統治期間，議會完全喪失自主性的政治現實讓這個條文形同虛設。

　　儘管法西斯政府濫用緊急命令的情況嚴重到連這個政權本身在一九三九年都感到有必要限定其範圍，戰後的共和憲法第七十七條仍然完全因襲先前的做法，規定「在必要與緊急之非常情況下」，政府可以採取「具有法律效力之暫時措施（provvedimenti provvisori）」。這些措施必須在當天提交國會，而若未於公布後的六十天內由國會轉化為法律，則將失其效力。

　　眾所周知，此後透過法律命令的方式進行行政權立法的做法，

28

在義大利已然成為常規。不只是當面臨政治危機時，政府就會發布緊急命令而得以迴避唯有透過法律才能限制人民權利的憲政原則（參見為了鎮壓恐怖主義所發布的一九七八年三月二十八日的第五十九號法律命令，之後被轉化為一九七八年五月二十一日的第一九一號法律，也就是所謂的莫羅法〔legge Moro〕；以及一九七九年十二月十五日的第六二五號法律命令，被轉化為一九八〇年二月六日的第十五號法律）；由法律命令所構成的常態立法形式甚至已經達到可以被定義為「針對保證成立的緊急狀態的加強版法律提案」的地步（Fresa, 1981, p. 152）。這意味著權力分立的民主原則如今已被打破，而行政權事實上已至少部分吸收了立法權。議會不再是擁有透過法律拘束人民之專屬權力的最高機關——它僅僅自我局限於批准行政權所發布的命令。就專業術語而言，義大利共和國已非議會制，而是行政制。並且重要的是，這場所有西方民主國家如今都正以不同方式進行中的憲政秩序的類似轉化，儘管已為法學家和政治家所熟知，一般民眾卻依然被蒙在鼓裡。今天當西方政治文化正想要向其他的文化傳統傳授其民主經驗時，它卻沒發現自己其實早已完全喪失了它所信奉的規桌。

在英國，唯一與法國的戒嚴狀態（état de siège）差可比擬的法律機制乃是置於「戒嚴法」（martial law）的名下。然而這是一個十分模糊的概念，模糊到可以合理地被界定為：「一個不幸的名稱，試圖透過普通法（common law）來正當化那些當國家（commonwealth）發生戰爭時，為了捍衛國家所採取的必要行動」（Rossiter, 1948, p.

142）。然而，這並不意味著在這裡無法存在某種像是例外狀態的東西。根據《叛亂法》（*Mutiny Acts*）的規定，國王宣告戒嚴法的權力一般而言僅限於戰爭期間，但這對於發現自己事實上已被捲入武力鎮壓的無辜民眾而言，仍將必然帶來嚴重後果。施密特因此曾試圖將戒嚴法與早期僅適用於軍人的軍事法庭和即決程序（procedimenti sommari）區分開來，以便將之理解為一種純粹事實性的程序，從而更加貼近例外狀態：「無論它採取何種名稱，戒嚴法（diritto di guerra）事實上既非法（diritto）、亦非法律（legge），而毋寧是一種本質上由達到特定目的的必要性所引導的程序」（Schmitt, 1921, p. 183）。

　　就英國的情形而言，第一次世界大戰對於例外治理裝置的普遍化同樣起了關鍵作用。宣戰之後，政府事實上很快就要求國會批准了一系列的緊急措施，這些措施皆由相關部會事先擬定，並且在幾乎沒有討論的情況下表決通過。這些法律當中最重要的是一九一四年八月四日的《國土防禦法》（*Defense of the Realm Act*），一般稱之為 DORA。這部法律不僅授予政府管制戰時經濟極為廣泛的權力，同時也對一般人民的基本權利進行了嚴格的限制（特別是軍事法庭對於一般人民的審判權）。與法國的情況相仿，國會活動在整個戰爭期間歷經嚴重的削弱。對英國而言，這還涉及到一個超越戰爭緊急狀態的發展過程，並可以一九二〇年十月二十九日，在一個罷工及社會張力節節高升的情境中通過的《緊急權力法》（*Emergency Powers Act*）為證。事實上，這部法律的第一條便肯認：

凡對國王陛下而言，於任何時候、任何人或團體已採取或威脅即將採取之任何行為，依其本質與規模可被認為係藉由阻礙食物、水、燃料或電力之供給與分配，或藉由阻礙交通運輸工具，以剝奪社群整體或其相當部分之生活所需，則國王陛下得透過正式之宣告（以下稱為緊急宣告），宣布緊急狀態之存在。

同法第二條則授權國王陛下會同樞密院（*His Majesty in Council*）可以發布管制措施，並可授予行政機關「為維護秩序之一切必要權力」，而由此引入審判違法者的特殊法庭（簡易法庭〔*courts of summary jurisdiction*〕）。即便這些法庭所判決的處罰不得超過三個月的監禁（「附帶或不附帶強制勞動」），例外狀態的原則已然堅實地被導入英國法中。

在美國憲法中，無論就邏輯或實踐的角度而言，例外狀態的理論位置都落在總統與國會權力的辯證之間。而這個辯證被歷史地決定為（且從內戰時起就以一種範例的方式決定）：一場關於誰是緊急情況中之最高權威的衝突。用施密特的話來說——而這發生在一個被視為民主搖籃的國家中無疑具有重大意義——也就是關於主權決斷的衝突。

這個衝突的條文依據首先在於憲法第一條，其規定「人身保護令（*Writ of Habeas Corpus*）之特權，非於叛亂或遭受侵略時為公共安全（*public safety*）之所需，不得懸置之」。但這個條文並未明訂誰是決定懸置的有權機關（即便通說與該段落所在的條文脈絡可以

推定其指向的是國會而非總統）。第二個衝突點則在於第一條本身的另一個段落與第二條之間的關係：前者承認宣戰與招募並維持陸海軍的權力屬於國會，後者則肯認「總統乃合眾國陸海軍之最高統帥（ commander in chief）」。

這兩個問題都隨著內戰爆發（ 1861-65 ）而進入白熱化階段。一八六一年四月十五日，林肯違反第一條的明文規定下令徵召一支七萬五千人的軍隊，並訂於七月四日召集國會召開臨時會議。於是從四月十五日到七月四日的這十週之中，林肯事實上便成了一位絕對的獨裁者——在施密特以《獨裁》為名的書中，他因此得以引用林肯作為委任獨裁的完美範例（參見 Schmitt, 1921, p. 136）。四月二十七日，透過一個技術上更重要的決定，他授予陸軍參謀總長在當時已發生動亂的華盛頓與費城之間的幹道沿線，必要時得懸置人身保護令的權力。而即便在國會召開後，總統對於非常措施的自主決定權也依然持續存在——因此在一八六二年二月十四日，林肯下令實施郵件檢查，並授權對於涉嫌「叛國及叛亂行為」（disloyal and treasonable practices）者加以逮捕並拘禁於軍事監獄中。

在他對終於在七月四日召開的國會所發表的演説中，這位總統公開地以自己乃是必要時可違反憲法之最高權力的擁有者來為自己的行為辯護。他宣稱他所採取的這些手段「無論嚴格而言是否合法」，都是「在人民的要求和公共緊急狀態的壓力下」所決定的，並且確信將得到國會的批准。換言之，這些措施的基礎乃是相信：只要是涉及到國家的統一和法秩序的存在本身，即使是最根本的法律也可以違反——「難道要讓除了一條之外的所有法律皆被逾越，

政府本身亦分崩離析，就只是為了不違反這一條法律？」（Rossiter, 1948, p. 229）

就如人們所料，在戰爭情況下總統與國會間的衝突基本上只存在於理論上。而實際上，儘管國會充分意識到憲法所規定的權限已被逾越，它也只能夠批准總統的行為，就如它在一八六一年八月六日所做的那樣。透過這個同意的強化，一八六二年九月二十二日，林肯總統於是僅憑他自身的權威便宣告了奴隸的解放，並在兩天後將例外狀態擴及合眾國全境。他接著進一步授權逮捕並交由軍事法庭審判「所有的叛亂者與造反者、其在合眾國中的協助者與教唆者、以及所有反對自願從軍、抗拒民兵徵召或從事任何叛國行為者，亦即對反抗合眾國權威的叛亂者給予支持和協助之人」。此時，合眾國總統已然成為關於例外狀態之主權決斷的擁有者。

根據美國歷史學者的觀點，威爾遜（Woodrow Wilson）總統在一次世界大戰期間所擁有的權力甚至比林肯所僭取的還要廣泛。然而，更確切地說，相對於林肯對國會的忽視，威爾遜則偏好一次又一次地由國會授予他所需要的權力。就此而言，他的治理實踐毋寧更接近將於同一時期盛行於歐洲、或是今天的做法，也就是相對於宣告例外狀態，其更偏好頒布例外性的法律。總之，從一九一七到一九一八年之間國會通過了一系列的法律——從一九一七年六月的《間諜法》（Espionage Act）到一九一八年五月的《歐佛曼法》（Overman Act）——賦予總統對於國家行政的全面掌控。這些法律不只禁止不忠誠的活動（例如通敵和散布假訊息），甚至連「蓄意講述、印刷、寫作或出版任何不忠、褻瀆、毀謗或侮辱合眾國之政

府形式的言論」都不允許。

自從總統的至高權力／主權（potere sovrano）基本上被建立在與戰爭狀態相連結的緊急情勢後，在二十世紀的進程中，一旦涉及到必須強制執行被視為攸關存亡的重大決定時，戰爭的隱喻就會成為總統的政治語彙中不可或缺的元素。小羅斯福因此得以藉由將他的行動比擬為軍事行動中的指揮官，而在一九三三年取得對抗大蕭條的非常權力：

> 我將毫不猶豫地擔負起我們人民大軍的領導者，針對我們的共同問題發起紀律嚴明的攻擊⋯⋯。我已準備好依據我的憲法職責提出一個飽受創傷的國家在一個飽受創傷的世界裡所需要的一切手段⋯⋯。如果國會無法通過相關的必要措施，而國家的緊急情勢因此將持續延燒時，我將不會逃避我所要面對的明確職責——我將向國會要求那對抗這場危機僅剩的唯一手段：向緊急狀態宣戰（*to wage war against the emergency*）的廣泛行政權力。就像當我們遭受外敵入侵時，我將被賦予的廣泛權力。（Roosevelt, 1938, p. 16）

我們最好不要忘記：根據我們已經觀察到的、作為二十世紀政治特徵的軍事緊急狀態與經濟緊急狀態之間的對應關係，從憲法的角度而言，新政（New Deal）的實現乃是透過授予總統針對國家經濟生活的一切層面進行管制與監控的無限權力而達成的。其授權內容是由一系列的國會立法（*Statutes*）所規定，並在一九三三年六月

十六日的《國家復興法》(*National Recovery Act*) 中集其大成。

　　第二次世界大戰的爆發更進一步擴張了這些權力：首先透過一九三九年九月八日發布的「有限」國家緊急狀態，接著在珍珠港事件後，於一九四一年五月二十七日轉變為無限的緊急狀態。一九四二年九月七日，當他要求國會廢除一項有關經濟事務的法律時，這位總統再度重申了面臨緊急狀態時他所擁有的至高權力：「在國會沒有採取行動、或是沒有採取適切行動的情況下，我自己將承擔行動的責任……。美國人民可以肯定，我將毫不猶豫地行使為了擊敗我們的敵人而賦予我的一切權力，在為了維護我們的安全所需的世界任何角落」(Rossiter, 1948, p. 268-269)。這些行動當中，最引人側目的人權侵犯事件（且由於此事僅出於種族因素而更形嚴重），發生於一九四二年二月十九日：當時居住在美國西岸的七萬名日裔美國公民（連同四萬名在當地生活與工作的日本公民）遭到了強制驅離。

　　因此，我們必須從這個角度，也就是總統在緊急情況中的主權／至高權力宣稱，來理解布希總統在二○○一年九月十一日之後持續稱自己為三軍統帥（*Commander in Chief of the Army*）的決定。若如我們所見，承擔這個頭銜意味著直接涉及例外狀態，那麼布希就正試圖創造出這樣一種情境：在其中緊急狀態成為常規，而和平與戰爭的區分本身——以及對外戰爭與世界內戰之間的區分——將不再可能。

1.8　相應於法律傳統上的分歧，學說上也存在著分野：有些學者試

圖將例外狀態納入法律體制的範疇中，另一些學者則將之視為外於
法律體制的事物，也就是本質上為政治的、或總之是超法律的現
象。在前一派中的某些學者，例如羅馬諾、歐里烏（Hauriou）與
摩爾達提（Mortati），是將例外狀態設想為實證法的一個不可或缺
的內在部分，因為作為實證法基礎的迫切／必要性（necessità）本
身就是法律的一個獨立來源。另一些學者，如赫爾尼、羅那雷提
（Ranelletti）與羅西特，則將其理解為國家自我保存的主觀權利
（自然權利或憲法權利）。而在後一派的學者中，包括畢斯卡雷提
（Biscaretti）、巴拉多勒帕里耶利（Balladore-Pallieri）與馬爾伯格
（Carré de Malberg），則將例外狀態以及作為其基礎的迫切／必要性
視為本質上超法律的事實元素，即便在某些情況下它們可能會對法
律領域產生影響。哈謝克（Julius Hatschek）於是將各種不同立場重
新展現為兩種立場的對立：一種是客觀的緊急／迫切狀態理論
（*objektive Notstandstheorie*）[8]，這種理論主張所有在緊急／迫切狀態中
所為的逾越或違反法律的行為都具有違法性，因此就其本身而言在
法律上是可歸責的；另一種則是主觀的緊急／迫切狀態理論
（*subjektive Notstandstheorie*），其主張例外權力乃是奠基於國家的「憲
法或前憲法（自然）的權利」（Hatschek, 1923, pp. 158ff.），因此單
純的善意便足以確保法律責任的免除。

　　隱含在這些理論中的單純地形學式的對立（之內／之外），似

8　Notstand 國內多譯為「緊急狀態」，但其字面義即為迫切／必要狀態（state of necessity）。

乎不足以說明它們所要解釋的現象：假如例外狀態的本質是法律體制（ordinamento giuridico）（全部或部分）的懸置，那麼這樣的懸置如何依然能夠包含在法律秩序（ordine legale）中？一種無法／失序狀態（anomia）如何能被寫入法秩序（ordine giuridico）？相反的，如果例外狀態不過只是一個事實情境，因此本身外在或對立於法律，那麼法律體制又怎麼可能正好在具有決定性的情境中包含著一塊空缺（lacuna）？而這個空缺的意義又是什麼？

事實上，例外狀態既非外在亦非內在於法律體制，而它的定義問題正關乎著一個閾界，或是一個無差別地帶；其中內與外並非相互排除，而是無法相互確定。規範的懸置並非意味著其廢除，而由此所設置的無法地帶亦非完全與法秩序無關（或至少其宣稱並非無關）。因此產生了那些像是施密特的理論興趣，將地形學式的對立轉化為一種更加複雜的拓樸關係，而其中成為問題的正是法律體制的界限本身。無論如何，對於例外狀態問題的理解最終預設了對於它的定位（或是去定位〔illocalizzazione〕）的正確決定。一如我們將會看到的，關於例外狀態的衝突基本上乃是呈現為關於它所在之確切位置（*locus*）的爭議。

1.9 有一個我們反覆看到的觀點是將例外狀態的基礎建立在迫切／必要性（necessità）的概念上。[9] 根據一個不斷被複誦的拉丁諺語（而

9　Necessità, *necessitas*（necessity）本意為必要性或必然性。然而 stato di necessità 或 Notstand 則意指緊急狀態，defense of necessity 則是類似緊急避難的法律抗辯事由。此外，在緊急命令或措施的相關規定中，常有「為必要之處

法諺〔*adagia*〕在法律文獻中的策略性功能的歷史仍有待書寫）——
necessitas legem non habet，迫切無法——這句話可以被理解為兩種截
然相反的意思：「迫切性不承認任何法律」和「迫切性創造它自己
的法律」（*nécessité fait loi*）。在這兩種情況下，關於例外狀態的理論
都被完全化約為迫切狀態（*status necessitatis*）的理論，於是對迫切
狀態是否存在的判斷，便解消了例外狀態是否正當的問題。因此關
於例外狀態的結構與意義的探討，也就預設了對於迫切性的法律概
念分析。

我們可以在格拉提安（Gratian）的《教令集》（*Decretum*）中找
到「迫切無法」所依據的原則的表述。它一共出現兩次：第一次在
注釋中，第二次在文本中。首先，這個注釋——在它所指涉的段落
中，格拉提安僅限於一般性地肯認「許多事乃出於迫切性或其他某
些原因而未依規則為之」（*pars I, dist. 48*）——似乎賦予了迫切性　　　35
能夠讓非法行為合法化的力量（「若某事係出於迫切而為之，其便
屬合法而為，蓋非法者若迫切則合法。故迫切無法」[10]）。然而對於
這句話的含意，我們可以從格拉提安接下來討論彌撒慶典的文本中
得到更好的理解（*pars III, dist. 1, cap. 11*）。在明確指出祭品應該置
於聖壇或一個神聖的場所後，格拉提安補充說道：「與其在不該慶

置或措施」的類似用語。在這個複雜、相鄰的語意脈絡下，這個譯本原則
上將 necessità 譯為「迫切性」，而 stato di necessità 譯為「迫切狀態」，希
望盡可能兼顧「必要」與「緊急」之意。

10 原文為：*Si propter necessitatem aliquid fit, illud licite fit: quia quod non est licitum
in lege, necessitas facit licitum. Item necessitas legem non habet.*

祝彌撒的地方慶祝，寧可不要歌詠或聆聽彌撒，除非在此舉行乃是出於至高的迫切性，因為迫切無法（*nisi pro summa necessitate contingat, quoniam necessitas legem non habet*）」。與其說使非法行為合法化，在這裡迫切性毋寧是在一個特定的單一個案中，透過例外來正當化某個違法行為。

這一點很清楚地展現在托馬斯（Thomas）於《神學大全》（*Summa theologica*）中闡釋與評論此一原則的方式中，而他正是將這個原則連結到君王所擁有的免除法律適用的權力（*Prima secundae, q. 96, art. 6*: 一個受法律拘束的人可否違反法律的明文規定而行動）：[11]

> 如果遵從法律的文字並不會產生立即的危險而必須立刻加以糾正，那麼並不是任何人都有權解釋對於城邦而言什麼是有益或有害的。這乃是君主的專屬權力，他在這種情況中握有免除法律適用的權威。然而，倘若出現突發的危險而無暇訴諸更高的權威，那麼這個迫切性本身就帶來了豁免，因為迫切性並不從屬於法律（*ipsa necessitas dispensationem habet annexam, quia necessitas non subditur legi*）。

於是，迫切性的理論在這裡不外乎就是一個例外（*dispensatio*）的理論：透過這種方式，單一個案被免除了服從法律的義務。迫切

11　原文為：*utrum ei qui subditur legi, liceat praeter verba legis agere.*

性並非法律的來源，也沒有真正懸置法律——它僅限於將一個單一
個案排除於規範的字面適用之外：「在迫切情況下逾越法律條文而
行動者，並非依據法律做判斷，而是依據個案為之；在個案中他體
認到毋須遵守法律的文字（*non iudicat de ipsa lege, sed iudicat de casu
singulari, in quo videt verba legis observanda non esse*）。」在這裡例外的
最終基礎因此並非迫切性，而是以下原則：「所有的法律都是為了
人的共通福祉制定的，並且只為了這個目的才擁有法律效力和理由
（*vim et rationem legis*）。如果它無法實現這個目的，那麼它也就不再
具有拘束的效力（*virtutem obligandi non habet*）。」在迫切情況下，
法律喪失了它的拘束力（*vis obligandi*），因為在這個特殊個案之中
欠缺人類福祉（*salus hominum*）的目的。我們可以清楚看到，這裡
涉及到的並非一種狀態（*status*），一種法秩序本身的處境（例外或
迫切狀態），而總是某個單一個案，其中法的力（*vis*）與理（*ratio*）
皆無法適用。

※ 我們可以在格拉提安彙編的一個獨特段落中，找到一個基於恩
赦的豁免（*ex dispensatione misericordiae*）而不適用法律的案例。此
處這位教會法學者肯定地指出教會可以在違法事實已然發生的情況
下，忽略對於違法行為的制裁（基於事情的後果〔*pro eventu rei*〕，
例如一個不能晉升主教職位的人事實上已被任命為主教）。十分弔
詭的是，在這裡法律的不適用正是因為違法行為已經有效地踐行，
而其制裁反而會對教會帶來負面的效果。許茨（Anton Schütz）在
分析這個文本時正確地指出：「透過以事實性來限定法效力，透過

尋求與法外之真實世界的接觸，他（格拉提安）防止了法律僅僅只是自我指涉著法律，也避免了法律系統的封閉性」（Schütz, 1995, p.120）。

在這個意義上，中世紀的例外體現出了法律系統對於外在事實的開放性。經由某種法律擬制（*fictio legis*），在某些特殊情況下主教的選任就彷彿是正當的。相對於此，現代的例外狀態則試圖將例外本身納入法秩序之中，從而創造出了一個事實與法律相互重合的無區分地帶。

※ 我們可以在但丁的《論世界帝國》（*De monarchia*）中發現一個對於例外狀態的隱微批判。為了試圖證明羅馬不是透過暴力、而是透過法（*iure*）得到世界的統治，但丁堅稱不透過法來達到法的目的（即共善）是不可能的，也因此「任何人若想要達到法的目的，皆應依法為之（*quicunque finem iuris intendit cum iure graditur*）」（II, 5, 22）。像是法的懸置或許對共善而言有其必要的這種想法，對中世紀的世界來說是相當陌生的。

1.10 只有對現代人而言，迫切狀態才傾向於被納入法秩序之中，進而呈現為一種真正的法律「狀態」。透過迫切性來定義某個法律在其中失去拘束力的單一特殊情境的原則（這乃是法諺「迫切無法」的意義），被翻轉成了另一個原則：根據這個原則，迫切性可說構成了法律的最終基礎與源頭本身。這樣的觀點不僅對於那些試圖藉由這種方式來正當化一個國家對抗另一個國家的國家利益的作者來

說是正確的（如同「緊急／迫切無誡命」〔*Not kennt kein Gebot*〕的說法：在普魯士總理貝特曼霍維克〔Bethmann-Hollweg〕使用這個說法後，又在柯勒〔Josef Kohler, 1915〕的同名著作中再次出現）。另一方面，對於從耶利內克（Jellinek）到狄驥（Duguit）的這些法學家而言，這個原則也同樣為真：他們在迫切性中看到了行政機關在例外狀態下所發布的具有法律效力之命令的效力基礎。

　　從這個角度來分析羅馬諾的極端立場將會很有意思。這位法學家對於兩次大戰期間的歐洲法律思想具有顯著的影響，而他不僅未將迫切／必要性（necessità）理解為某種外於法律體制的事物，甚至更將它設想為法律首要與原初的來源。他首先區分了兩種觀點：一種在迫切性中看到某種法律事實，或甚至是國家的主觀權利，因此最終便將它的基礎奠定在現行有效的立法與一般法律原則上；另一種觀點則將迫切性設想為單純的事實，因此奠基其上的例外權力在制定法的體系中便不具任何基礎。然而對羅馬諾而言，這兩種立場同樣都將法（diritto）等同於法律（legge），因此都是錯的，因為它們都未認識到在立法制定的法律之外還存在著一種真正的法源（fonte di diritto）。[12]

12　類似於德文的 Recht 和 Gesetz、法文的 droit 和 loi，義大利文也有兩個指涉法律的字 diritto 和 legge。如注 8（第 93 頁）所述，diritto 意指廣義的法或是法的整體（包含制定法、習慣法、法理等等），以及主體的「權利」。相對於此，legge 則多半指個別的、立法制定的「法律」，如先前提到的反恐的「莫羅法」（legge Moro）。在作者明確對比這兩種概念時，將分別譯為「法」與「法律」並標示原文。至於其他並未明顯區分不同意涵之處，則隨行文通順並未嚴格採取不同譯語。

我們在這裡所關注的迫切／必要性必須被理解為一種事物的狀態，其即便具有規則性、並以一種已完成且具有實際運作效力的方式存在著，卻無法被先前制定的規範所規制。如同另一個人們常聽到的說法：如果迫切性不具法律，它就創造法律。也就是說，它將自身建構為一個真正的法源……。我們可以說，迫切性是一切法律首要與最初的來源，相對於它，其他的法源某種程度上都可被視為衍生的……。並且，我們應該在迫切性中追尋那法律制度的極致典範——也就是國家——以及一般而言，其憲政體制的起源與正當化基礎：當它作為某種事實性的過程而被建立時，例如在革命之路上。而這些在一個特定政體創建初期所經歷的過程，也仍然可以透過某種例外的途徑和較為緩和的特徵，在其已然建立並規定其基本制度之後再次發生。（Romano, 1990 [1909], p. 362）

例外狀態因此以迫切性的形象，呈現為——伴隨著革命與憲政秩序的事實性創建——一種「違反法律」（illegale）、但卻完全「合乎法與憲政」（giuridico e costituzionale）的措施，在新的規範（或是一個新的法秩序）的產生中被具體化：

以下這個說法似乎是最準確適切的表述方式：在義大利法中，戒嚴狀態是一種違反法律（legge）的措施，我們因此也可以說它是違法的（illegale），然而它卻又同時合乎不成文的實證法（diritto positivo non scritto），因此是合乎法與憲政的（giuridico

e costituzionale）。迫切性可以勝過法律的這件事乃出於其本
質，也出於其原初特徵，因此無論是從邏輯或歷史的角度來看
皆是如此。固然法律（legge）的確已經成為法規範（norma
giuridica）最高和最普遍的展現形式，然而當它想要將自身的
支配延伸到屬於它的領域之外時，便未免過於誇大了。有些規
範無法或是不適合被明文規定，有些則除非當它所要規範的事
態真的發生時，否則無法被確定。（*ibid.*, p. 364）

安蒂岡尼（Antigone）以不成文法（*agrapta nomina*）對抗成文
法的姿態，在這裡被翻轉並用來堅持捍衛已然建立的秩序。然而在
一九四四年，當一場內戰已經在他的國家展開時，這位年邁的法學
家又再度投入了對迫切性問題的研究（他已經研究過憲政秩序的事
實性建立），而這次則與革命相關。假如革命無疑是一種事實狀
態，「在其過程中無法被它企圖推翻和摧毀的國家權力所規制」，因
此在定義上便是「違反法制的（antigiuridico），即便當它合乎正義」
（Romano, 1983, p. 222）。然而革命之所以呈現為這樣的形式，只有

從它所投身對抗的國家實證法的角度來看才是如此。但這並不
排除從它據以界定自身的迥異觀點看來，它乃是一場由自己的
法所規制的運動。換言之，在原初法秩序（ordinamenti giuridici
originari）這個說法已為人熟知的意義上，它無疑應該被歸入
其範疇。就此而言，且僅限於這裡所指涉的範圍，我們或許可
以談論一種革命法（diritto della rivoluzione）。關於那些最重要

的革命是如何進展的考察，包含晚近和最近的這些革命，對於闡釋我們已經提出的論點將具有重大的意義，即便乍看之下似乎有些弔詭：革命雖然是暴力，卻是依法組織的暴力（violenza giuridicamente organizzata）。（*ibid.*, p. 224）

迫切狀態（*status necessitatis*）因此無論是以例外狀態還是革命的形式，都呈現為某種曖昧不明的地帶，其中外於或反於法律的事實過程穿透了法律，而法規範在純粹的事實之中亦無法加以確定。也就是說，存在著一個事實與法律似乎都變得無可決定的閾界。假如我們可以說，在例外狀態中事實被轉化成法律：「緊急狀態是一種事實狀態，但如同法諺貼切地指出：法源自於事實（*e facto oritur ius*）」（Arangio-Ruiz, 1972 [1913], p. 528）；那麼相反的說法也同樣成立，亦即在例外狀態中有一股反向運動，其中法律在事實之中被懸置與撤銷。無論是哪一種說法，重點都在於創造出一個無可決定的閾界，在其中事實（*factum*）與法（*ius*）相互隱沒到對方之中。

由此產生了所有嘗試定義迫切／必要性的理論都無法克服的難題。假如一項必要措施已經是法規範而非單純的事實，為何它還需要透過一部法律加以批准同意，一如羅馬諾所堅信這乃是不可或缺的要件（而大部分的作者也都同意他的看法）？假如它已經是法律，為何它若沒有得到立法機關的同意便只是暫時性的？反過來說，假如它並非法律，而不過只是單純的事實，又為何批准的法效力不是從它被轉化為法律時起算，而是自始生效（*ex tunc*）？（狄驥正確地提醒我們，這樣的回溯乃是一種擬制，批准其實只能從其發生時起

才會產生效力〔Duguit, 1930, p. 754〕。）

　　然而最極端的困境——在此所有的迫切性理論最終都觸礁沉沒——乃是關於迫切性的本質，而對此論者們或多或少都一直無意識地將它理解為一個客觀情境。面對這種天真的想法（其背後預設了某種這些理論本身都已經提出質疑的純粹事實性），另一些法學家毫不費力地便提出批判：迫切性遠非自我呈現為某種客觀既存的事物，而總是蘊含著一個主觀的判斷。所謂的迫切與例外，顯然都只存在於那些被如此宣告的情勢。

41

> 迫切／必要性的概念是一個全然主觀性的概念，視人們想要達
> 到的目的而定。人們或許可以說迫切性斷然要求某個特定規範
> 的發布，因為若非如此現行的法秩序就將毀滅。但前提是人們
> 對於現行秩序應該被保存這件事必須具有共識。另一方面，也
> 可能一場革命暴動宣告了一個新規範的迫切性，要求廢除與新
> 的需求（esigenze）對立的現行制度。但人們同樣必須同意為
> 了符合新的需求，現行秩序應該加以毀棄。無論是哪一種情況
> ……訴諸迫切性都蘊含著一個道德或政治評價（或無論如何是
> 超越法律的評價）。透過這個評價，人們對法秩序進行審判，
> 認定其是否值得保存或強化，甚至得以違反它的某些規範為代
> 價。因此，迫切性原則無論在何種情況下，都是一個具有革命
> 性的原則。（Balladore-Pallieri, 1970, p. 168）

　　試圖透過迫切狀態來解決例外狀態的嘗試，因此遭遇到比它原

本所要解釋的現象同樣、甚至更加嚴重的困境。迫切性不僅最終被化約為一個決斷，甚至它所要決斷的對象，其實乃是某種在事實與法律上無可決斷的事物。

※ 施密特在他自己的著作中曾經數次引用羅馬諾，因此極有可能知道羅馬諾將例外狀態奠基於作為法律原初泉源的迫切性的企圖。他自己的主權作為例外之決斷的理論，也同樣賦予了迫切／緊急狀態（*Notstand*）一個真正具有根本性的位階，因此絕對可與羅馬諾將其視為法秩序之原初形態的理解相提並論。此外，他與羅馬諾還共享了法（diritto）無法窮盡於法律（legge）的想法（而他正是在批判自由主義法治國〔*Rechtsstaat*〕的脈絡中引用了羅馬諾因此絕非巧合）。然而，相較於這位義大利法學家將國家完全等同於法，因此拒絕賦予制憲權的概念任何法律上的重要性，施密特在例外狀態中所見到的，則正是一個國家與法之間顯示出不可化約之差異性的時刻——在例外狀態中「國家持續存在，而法卻消失了」（Schmitt 1922, p. 39）。他因此得以將例外狀態的極端形象奠基在制憲權（*pouvoir constituant*）之上：亦即，例外狀態作為主權獨裁（dittatura sovrano）。

1.11 根據某些作者的看法，在迫切狀態中「法官闡釋了某種關於危機的實證法，就像是在承平時期他填補了法的漏洞（le lacune del diritto）」（Mathiot, 1956, p.424）。透過這種方式，例外狀態的問題被連結到一個法律理論中特別有趣的問題，那就是法的漏洞。至少

從拿破崙法典的第四條開始（「以法律的欠缺、模糊或不足為由而拒絕審判的法官，得以觸犯否定正義／司法〔diniego di giustizia〕之罪加以起訴」），在大多數的現代法律體系中，法官都負有宣告判決的義務，即便法律出現了漏洞亦然。透過類比於「法律（legge）容有漏洞，但法（diritto）則不容」的原則，迫切狀態因此被解釋為一個公法中的漏洞，而行政權則對之負有填補的義務。藉由這樣的方式，一個關於司法權的原則便延伸到了行政權之上。

　　但當我們更仔細觀察便會產生疑問：在這裡所爭議的漏洞究竟是由什麼構成的？這裡真的存在固有意義上的漏洞嗎？事實上，這裡的漏洞並非立法文本中應該交由法官加以補充的缺漏。它所關乎的是為了確保現行有效的法律體制的存在，而對該體制的懸置。遠非對於某個規範漏洞的回應，例外狀態呈現為某種在法律體制中所開啟的虛擬漏洞，以維護規範本身的存在，及對於正常情況的適用。漏洞並非內在於法律之中，而是關乎著法律與現實的關係、關乎法律適用的可能性本身。彷彿法本身一直包含著某種在規範之所在（la posizione della norma）與其適用之間的根本斷裂，而這個斷裂在極端情況下只能透過例外狀態加以填補。亦即，藉由創造出一個法律的適用遭到懸置，但法律本身卻依然保持有效的地帶。

43

第二章
法效力
Forza-di-~~legge~~

2.1　就例外狀態的理論建構而言，最嚴謹的嘗試非施密特的著作莫　44
屬：主要是在《獨裁》（ *La dittatura* ）一書，以及一年後的《政治神
學》（ *Teologia politica* ）中。正因這兩本在一九二〇年代初問世的書，
以某種可說是與我們切身相關的預言，描述了一個不僅至今仍然存
在、甚至到了今天才完全發展成熟的典範（一種「治理的形式」
〔Schimtt, 1921, p. 151〕），因此我們有必要在現在這個點上仔細闡
釋施密特學說中關於例外狀態的基本論點。

　　首先是一些術語順序的考察。在一九二一年的書中，例外狀態
是以獨裁的樣貌提出的。獨裁，包含了戒嚴狀態，基本上是一種
「例外狀態」，而當它呈現為「法的懸置」時，則可被化約為關於一
個「具體的例外」的定義問題，「一個至今尚未被法的一般理論妥
善思考的問題」（ *ibid.*, p. XVII ）。而將例外狀態如此寫入法律脈絡
中的獨裁，則進一步被區分為：以保衛或回復現行憲法為目的的
「委任獨裁」（dittatura commissaria），以及作為例外之形象可謂達到
其臨界質量或熔解點的「主權獨裁」（dittatura sovrana）。在《政治　45
神學》中，「獨裁」和「戒嚴狀態」的用語因此得以消失而由例外
狀態（ *Ausnahmezustand* ）取而代之。同時，至少從表面上看來，重
點也從對於例外的定義轉移到對主權的定義。施密特學說的策略因
此具有兩個階段，我們必須清楚掌握其接合（articolazioni）的方式
與目的。

　　在這兩本書中，施密特理論的最終目的（ *telos* ）都在於將例外
狀態寫入法的脈絡之中。施密特完全瞭解，例外狀態因為實現了
「整體法秩序的懸置」（Schmitt, 1922, p. 18），因此似乎「將自身排

除於任何法的考量之外」（Schmitt, 1921, p. 137）。甚至「在其事實性的構成中，亦即在其最內在的實體中，無法具有法的形式」（*ibid.*, p. 175）。即便如此，對他而言，重要的仍是無論如何都必須確保例外狀態與法秩序的某種關係：「獨裁，無論是委任性還是主權性的，都蘊含著對於法律脈絡的指涉」（*ibid.*, p. 139）。「例外狀態總是某種不同於無政府與混亂的事物；在法律意義上，其中仍然存在著某種秩序，即便不是一種法秩序（ordine giuridico）」（Schmitt, 1922, p. 18ff.）。

因此，施密特理論的特殊成就正在於使得這種在例外狀態與法秩序之間的接合成為可能。這裡涉及到的是一種弔詭的接合，因為必須寫入法律中的乃是某種本質上外於法律的事物，亦即，無非法秩序本身的懸置（由此產生了那難以理解的表述：「在法律意義上……仍然存在著某種秩序，即便不是一種法秩序」）。

這個將某種外部寫入法律之中的操作符碼（operatore），在《獨裁》這本書中，就委任獨裁而言，是法規範與實現法（*Rechtsverwirklichung*）的規範之間的區分；就主權獨裁而言，則是制憲權與憲制權之間的區分。[1] 首先，委任獨裁正因事實上是「在具體情境中懸置憲法以捍衛其存在」（Schmitt, 1921, p. 136），因此最終便具有創造出一個「使法得以適用」的事物狀態的作用（*ibid.*）。在委任獨裁中，憲法的適用可以被懸置，「其效力卻不因此中斷，因

---

1 相對於制憲權（potere costituente, constituent power）是制定憲法的權力，「憲制權」（potere costituito, constituted power）則是由憲法所規範和授予的權力，亦可譯為憲法權力或憲定權力。

為這個懸置只不過意味著一個具體的例外」（*ibid.*, p. 137）。在理論層次上，委任獨裁因此可以完全涵攝在以下區分中：規範與操控規範之實現的技術—實作規則。

主權獨裁的情況則有所不同。它並不僅限於「依據憲法所提供的、因此本身是合憲的權利」來懸置現行的憲法，而是朝向創造出一個使得新憲法得以實施的事態。在這種情況下，讓例外狀態可以定錨於法秩序中的操作符碼則是制憲權與憲制權的區分。即便如此，制憲權並非「一個單純的力量問題」，而是「一種權力，即便它無法透過憲法加以制定，卻仍以某種像是奠基性的權力而與所有現行有效的憲法產生關連……一種即使在現行憲法否定它的情況下，也無法被否定的關連性」（*ibid.*）。雖然它在法律上是「無形的」（*formlos*），但卻代表著某種寫在每一個決定性政治行動中的「最低限度的憲法」（*ibid.*, p. 145），因此得以確保在主權獨裁中也同樣存在例外狀態與法秩序之間的關係。

在此我們可以清楚看到，為何施密特可以在前言中提出「委任獨裁與主權獨裁的首要區分」作為「本書的重要成果」，從而使得獨裁的概念「終於可以成為法學論述的對象」（*ibid.*, p. XVIII）。在這裡浮現施密特眼前的，乃是他不遺餘力地譴責的兩種獨裁之間的「混淆」與「結合」（*ibid.*, p. 215）。然而，無論是無產階級專政（la dittatura del proletariato）的列寧理論與實踐，還是威瑪共和對於例外狀態日漸加劇的運用，其實都不再是委任獨裁的古老樣貌，而是某種嶄新且更加極端的事物。它迫使法律—政治秩序的穩固性本身成為問題，而它與法律間的關係則正是施密特不惜一切代價都得要

47

挽救的。

　　相對於此，在《政治神學》中將例外狀態寫入法秩序之中的操作符碼，則是兩個基本法律元素之間的區分：規範（*Norm*）與決定（*Entscheidung, Dezision*），而此一區分在一九一二年的《法律與判決》（*Gesetz und Urteil*）中就已經提出。透過規範的懸置，例外狀態「以絕對的純粹性揭示了（*offenbart*）一個法律特有的形式元素：決定」（Schmitt, 1922, p. 19）。這兩個元素，規範與決定，因此彰顯出了彼此的自主性。「正如在一般情況下，決定的自主時刻可被壓縮到最低限度，於是在例外情況中，規範便被取消了（*vernichtet*）。然而例外情況仍然可被法學認識，因為這兩種元素，規範與決定，都仍然處於法學的領域中（*im Rahmen des Juristischen*）」（*ibid.*）。

　　至此我們終於可以恍然大悟，為何例外狀態理論在《政治神學》中可以展現為一個主權學說。主權者，作為能夠決定例外狀態的人，保證了例外狀態得以定錨於法秩序之中。然而，正因為這個決定在此關乎的是規範本身的取消，也就是說，正因為例外狀態所代表的是對於一個既非外在、亦非內在的空間的納入和捕捉（而這個空間正對應於被取消與懸置的規範），因此「主權者雖立於正常情況下有效的法秩序之外（*steht ausserhalb*），但依然屬於（*gehört*）這個法秩序，因為正是由他來負責決定憲法是否可以被完全懸置（*in toto*）」（*ibid.*, p. 13）。

　　在外卻仍屬之：這就是例外狀態的拓樸結構。並且，正是因為決定例外狀態的主權者的存在本身，其實在邏輯上乃是由這個結構所定義的，所以他也就同樣可以透過這樣的矛盾修辭（*ossimoro*）

加以定義：出竅—內屬（*estasi-appartenenza*）。

※ 我們應該要從這個將例外狀態寫入法律之複雜策略的角度來看待《獨裁》與《政治神學》的關係。一般而言，法學家與政治哲學家主要都將注意力放在一九二二年的這本書中的主權理論，而未留意到這個理論的意義其實完全奠基於他已經在《獨裁》中進行闡釋的例外狀態理論。如我們所見，施密特主權概念的位階與弔詭衍生自例外狀態，而非反之。而他先是在一九二一年的書和先前的文章中定義了關於例外狀態的理論與實踐，隨後才在《政治神學》定義他的主權理論，此事絕非巧合。這無疑代表他企圖將例外狀態毫無保留地定錨於法秩序之中。然而，如果不是先以獨裁的術語學和概念性來表述例外狀態，這樣的企圖是不可能實現的。也就是說，首先透過援引羅馬的行政官制，再拜法規範與（法）實現規範的區分之賜而將例外狀態「法制化」。

2.2　在施密特例外狀態學說的演進中，所憑藉的乃是在法律體制中建立一系列的中斷與區分。這些區分的兩端無法彼此化約，但藉由它們之間的接合與對立，法律機器才得以順利運轉起來。

　　首先是法規範與實現法的規範之間的對立，也就是規範與其具體適用之間的對立。委任獨裁顯示，適用的時刻相對於規範本身而言具有自主性，而規範「可以被懸置，卻不因此中斷其效力」（Schmitt, 1921, p. 137）。換言之，委任獨裁代表著一種法律狀態，其中法律雖不適用但依然有效。主權獨裁則正好相反，其中舊的憲

49

法不再存在，而新的憲法則在制憲權之「最低限度」的形式中呈現。主權獨裁因此代表著另一種法律狀態，其中法律雖然適用，但在形式上卻尚未正式生效。

　　現在讓我們將目光轉向規範與決定之間的對立。施密特揭示出這兩者之間無法相互化約，而這意味著，想要完全從規範的內容中導出一個決定卻不留任何判斷餘地（*restlos*）是不可能的（Schmitt, 1922, p. 11）。至於在關於例外狀態的決定中，規範則被懸置、甚至取消了。然而，再一次的，這個懸置所關乎的依然是創造出使得規範適用成為可能的情境（「必須創造出一個情境，在其中法規範得以產生效力〔*gelten*〕〔*ibid.*, p. 19〕）。換言之，例外狀態將規範從它的適用中分離出來，以便讓其適用成為可能。它在法律當中引入了一個無法地帶，為的是讓有效地規範真實世界這件事成為可能。

　　我們因此可以將施密特學說中的例外狀態定義為一個場所，其中規範與其實現間的對立達到了最高強度。這是一個法律的張力場域，其中最低的形式效力與最高的現實適用同時發生，反之亦然。然而，也正是在這個極端地帶中，甚至可以說正是透過它，法的兩個元素才顯示出了它們之間親密的凝聚力。

※ 語言與法律間的結構性類比在這裡十分具有啟發性。如同語言元素持存在於語言（*langue*）中而不具有任何的現實指涉（denotazione reale）（只有在實際發生的言説〔*discorso*〕中它才會獲得現實指涉），因此在例外狀態中，有效的規範也沒有任何的現實指涉。但也正如唯有預設某種像是語言的事物，具體的語言活動才有辦法被理解，

因此同樣的,正是透過在例外狀態中懸置了規範的適用,規範才得 50
以指涉正常的情境。

我們因此可以一般性地説,不只語言和法律,而是所有的社會
制度都是經由這樣的過程所形成的,也就是在具體實踐對於現實的
直接指涉中,對其進行去語義化(desemantizzazione)和懸置。如
同文法,經由產生一種沒有指涉的話語(parlare),從言説中析離
出某種像是語言的事物;也如同法律,透過懸置個人的具體使用與
習慣,才得以析離出某種像是規範的東西;因此在所有領域中,文
明化的漫長工作乃是藉由這樣的過程展開的:將人的實踐從其具體
踐行中分離出來,以此創造出由李維史陀(Lévi-Strauss)首先認識
到的,意義(significazione)超乎指涉(denotazione)之外的盈餘。
就此而言,盈餘符徵(significante eccedente)這個在二十世紀人
文科學中的主導概念,正好與例外狀態相互對應 —— 其中規範有
效,但不適用。[2]

2.3 一九八九年,德希達(Jacques Derrida)在紐約的卡多索法學
院(Cardozo School of Law)發表了一場以「法律效力:權威的神
祕基礎」(*Force de loi: le fondement mystique de l'autorité*)為題的演講。
這場演講其實是關於班雅明的論文〈暴力之批判〉的解讀,並且無

2　上述的語言觀主要源自於索緒爾(Saussure)所創立的結構主義語言學,
　　而李維史陀則進一步發展出一種不具特定意義和現實指涉的符徵概念,例
　　如用來指涉具有魔力之神祕物質的「馬那」(mana)(詳見 3.6)。而「盈餘
　　符徵」英語世界多稱之為「流動符徵」(floating signifier)。

論是在哲學界還是法學界都引發了廣泛的論辯。然而，有件事卻不僅意味著哲學素養與法學素養已然分道揚鑣，同時也意味著後者的衰落——那就是沒有任何人嘗試去分析那乍看之下謎一般的、作為講稿標題的慣用語。

　　「法律效力」（forza di legge）這個詞組背負著一段漫長的羅馬法與中世紀法的傳統：在其中它具有效能（efficacia）、拘束的能力（capacità di obbligare）的一般意義（至少從查士丁尼的《法學彙編》第一編第三章〈論法律〉開始：「法律的能力如下：誡命、禁止、允許、懲罰」[3]）。然而只有到了現代，在法國大革命的脈絡中，它才開始指涉代表人民之議會所頒布的國家法令（atti statuali）的最高價值。在一七九一年憲法的第六條中，法律效力（force de loi）因此意指法律的不可侵犯性，甚至連君王也不得加以廢除或修改。在這個意義上現代學說區分了法律的**效能**（*efficacia* della legge）與**法律效力**（*forza di legge*）：前者是以一種絕對的模式為立法機關所制定的一切有效法令所共有，並由法律效果的產生所構成；相對於此，後者則是一個相對性的概念，意謂著法律（或相當於它的法令）相對於法體制中的其他法令的位階（posizione）：其中有的具有高於法律的效力（forza）（例如憲法），有的則低於法律（如行政機關所發布的命令和規則）（Quadri, 1979, p. 10）。

　　然而關鍵在於，無論是在現代還是古代學說中，在技術意義上

3　原文為：Justinian's *Digests, De legibus* 1.3.7: *legis virtus haec est: imperare, vetare, permittere, punire.*

「法律效力」這個詞組所指的都不是法律，而是行政權在某些情況下——特別是在例外狀態中——獲得授權所發布的那些命令（正如人們常說的，這些命令「具有法律效力」）。「法律效力」這個概念，作為一個法律專業術語，因此定義了規範的拘束力（ *vis obligandi* ）或可適用性（applicabilità）與它的形式本質的分離，從而那些形式上並非法律的命令、辦法與措施仍然藉此獲得了「效力」。因此當羅馬的元首(principe) [4] 開始獲得頒布法令的權力，而這些法令愈來愈被視為與法律相當時，羅馬學說便認為這些法令具有「法律效力」（vigore di legge）（對此可參考猶比安〔Ulpian〕在《法學彙編》中的引述：「元首所欲者即具法律效力」。[5] 此外，儘管強調的是法律與元首憲法之間的形式區分，類似的說法亦可見蓋烏斯〔Gaius〕所寫的「讓它取代法律」〔 *legis vicem obtineat* 〕，以及龐波尼烏斯〔Pomponius〕的「將它用作法律」〔 *pro lege servatur* 〕）。

　　在我們對於例外狀態的探討中，已經遇過無數次這種行政權頒布的法令與立法權頒布的法令之間相互混淆的例子，而如我們所見，這種混淆甚至構成了例外狀態的一個基本特徵。（其極限案例當屬納粹政權，一如艾希曼〔Eichmann〕不厭其煩地反覆說道，「領袖的話具有法律效力〔 *Gesetzeskraft* 〕」。）然而，從法律技術的觀點來說，例外狀態的特殊成就與其說是權力之間的混淆（這點已被過度強調），毋寧說是從法律之中析離出「法律效力」。例外狀態界定

52

4　關於羅馬帝國初期元首制（principate）的進一步討論請見 6.6-6.7。

5　原文為：*Digests*, 1.4.1: *quod principi placuit legis habet vigorem.*

了一種「法律狀態」，其中一方面法律有效（vige）但不適用（其不具「效力」〔forza〕），另一方面，沒有法律價值／地位（valore di legge）的法令卻從中獲得了「效力」（forza）。也就是說，在極端狀況下，「法律效力」就像是一個流動的不確定元素，既可被國家權威主張（作為委任獨裁而行動），也可被革命組織主張（作為主權獨裁而行動）。例外狀態因此成為了一個無法空間，而在其中作為對抗賭注的，乃是一個沒有法律的法律效力（因此應該寫作 ~~法律~~ 效力〔forza-di-~~legge~~〕）。這樣的一種「~~法律~~ 效力」，其中力量（potenza）與法令（atto）被徹底分離，[6] 的確就像是某種神祕元素，或更像是一種擬制／虛構（*fictio*），藉此法律試圖併吞無法（anomia）本身。然而，如何可能思考這樣的一種「神祕」元素，而它又是透過何種方式在例外狀態中運作的，正是我們接下來必須嘗試釐清的問題。

2.4 適用（applicazione）的概念無疑是法律理論中最富爭議的範疇之一，而且其實也不僅限於法律理論。這個問題因為參照康德的判斷力理論而誤入歧途：其中判斷力被理解為一種將特殊納入一般之中的思考能力。規範的適用因此成為一種規定判斷（giudizio determinante）的案例，其中一般（規則）被給定，要處理的是如何將特殊個案涵攝（sussumere）於一般之中（相反的，在反思判斷

6　Potenza 與 atto 的區分尚有另一層重要意涵，亦即潛能（potentiality）與行動（act）、潛在與現實的區分，而這是阿岡本發展自亞里斯多德形上學的重要概念。相關討論詳見 Giorgio Agamben 著，吳冠軍譯，《神聖人：至高權力與赤裸生命》（北京：中央編譯出版社，2016），頁 67-72。

〔giudizio riflettente〕中，則是特殊被給定，而要處理的是一般規則的找尋）。儘管康德其實完全瞭解問題的棘手性，以及在具體個案中在兩種判斷類型之間抉擇的困難（這可以從他關於範例〔esempio〕的學說中得到證明：範例是一個規則的個案，但卻無法從中敘明該規則）[7]，這裡的誤解仍然在於將規範與個案間的關係呈現為單純只是邏輯的操作。

再一次的，在這裡法律和語言之間的類比相當具有啟發性：在特殊與一般的關係中（而在法規範適用的情形更是如此），成為問題的不僅僅是邏輯的涵攝，而首先是從一個只具有虛擬指涉的一般命題（una proposizione generica dotata di una referenza meramente virtuale），如何過渡到具體指涉某個現實的片段（亦即，正是語言與世界之現實關係的問題）。這個從語言（langue）到話語（parole）、或是從符號學到語義學的過渡絕非一種邏輯操作，而無論如何都蘊含著某種實踐活動，也就是一個或數個說話主體對於語言（langue）的預設，以及對於某種班維尼斯特（Benveniste）定義為表述作用（funzione enunciativa）的複雜裝置的執行（而邏輯學家則一向慣於低估其重要性）。對於法規範而言，具體案件的指涉則預設了一場「審判」（processo）：其中總是涉及到多個主體，並且最終在判決的宣告中達到高潮。換言之，判決作為一種其對於現實的操作性指涉乃是由制度性權力加以保障的表述。

因此，對於適用問題的正確定位，必須先將它從邏輯的場域轉

53

7　原著中少了右括號。這裡的右括號為譯者參考英譯本所加。

移到實踐的場域。不僅如伽達默（Gadamer）所指出的（1960, pp. 360, 395），每一個語言詮釋在現實中都是需要有效操作的適用（神學詮釋學的傳統將這一點總結為本格爾〔Johann A. Bengel〕所編之新約聖經的開頭箴言：「將汝完全適用於文本，將文本完全適用於汝」[8]）；並且，對法律而言不證自明的是——而施密特輕而易舉地便將這個明證性加以理論化——規範的適用絕對不會內含於規範本身，也無法從規範本身演繹得出，否則就不需要打造出訴訟法的宏偉建築。因此，就像在語言與世界之間一樣，在規範與其適用之間也沒有任何的內在關連，能夠讓我們從一者直接推導出另一者。

在這個意義上，例外狀態打開了一個空間，適用與規範在其中展現出它們之間的分離，而一種純粹的法律效力則實現了某個其適用被懸置的規範（亦即，以不適用的方式加以適用〔applica dis-applicando〕）。透過這樣的方式，規範與現實之間不可能的接合、以及後續正常領域的建構，正是以例外的形式進行的，也就是藉由預設它們之間的關連。這意味著，要實現一個規範，最終必然要懸置它的適用，產生出一個例外。無論如何，例外狀態都標示著一道閾界，其中邏輯與實踐無法相互確定，而一種不講理（senza *logos*）的純粹暴力，則宣稱要實現一個沒有任何現實指涉的表述。

8　原文為：*te totum applica ad textum, rem totam applica ad te.*

第三章

懸 法
Iustitium

3.1 羅馬法中有一個制度，某種程度上可被視為現代例外狀態的原
型。然而，也許正是基於這個原因，它似乎尚未得到法律史學者與
公法理論家的充分重視——那就是懸法（*iustitium*）。[1] 正因為它讓
我們得以在例外狀態的典範形式中進行觀察，因此在這裡我們將以
它作為一個迷你模型來嘗試解開例外狀態的現代理論所無法成功解
決的疑難。

當元老院（senato）[2] 獲知使得共和陷入危機的情況發生時，它
就會發布「元老院終極諮議」（*senatus consultum ultimum*），要求執
政官（consoli）[3]（或是他們在羅馬的代位者：攝政王〔*interrex*〕或行

---

1 根據教育部重編國語辭典修訂本的解釋，「懸法」意指「公布法令」，因「古
　代將法令懸在門闕上公布」（https://dict.revised.moe.edu.tw/dictView.jsp?ID=
　112208&la=0&powerMode=0，1/26/2023 瀏覽）。相對於此，古羅馬的 *iustitium*
　則意指「法的懸置」。儘管看似含意相反，但如前所述，在阿岡本的法律
　思想中，法的懸置（例外狀態）卻正是法律從公布到施行的必要條件。因
　此將 *iustitium* 譯為「懸法」或許可以帶出更豐富的意涵。

2 在羅馬共和政體中，元老院（*senatus*）、行政官員（*magistratus*）與人民大
　會（*comitia*）共同構成三大支柱，其中又以元老院最具影響力。元老院主
　要有兩種權能：元老權威（*auctoritas patrum*）與元老院諮議（*senatus
　consultum*）。前者是一種透過對於人民大會決議的批准而行使的立法權，
　後者則是一種透過向最高行政官員（執政官）提供諮詢建議而發揮作用的
　決策權，一般而言執政官都會遵行。元老院的人數在相當長的一段時間中
　皆維持三百人，其成員在共和初期是由執政官從經歷豐富的行政官員中選
　任，後來則改由監察官（*censores*）選任。參考黃風編，《羅馬法辭典》（北
　京：法律出版，2001），頁 224；Giuseppe Grosso 著，黃風譯，《羅馬法史》
　（北京：中國政法大學出版社，1994），頁 169-172。

3 執政官（*consules*）是羅馬共和政體的最高行政官員，享有充分的統治權
　（*imperium*），並有權召開人民大會和元老院會議。這個官職由兩個人共同
　擔任，任期一年，彼此享有相同的權力（參考黃風編，《羅馬法辭典》，頁
　70）。

省執政官〔proconsoli〕），以及在某些情況下也包含裁判官（pretore）和護民官（tribuni della plebe），甚至在最極端的情況下包含所有的公民，採取他們認為可以拯救國家的任何必要措施（「令其捍衛國家，看顧國家不受任何傷害」[4]）。這個元老院諮議是以一個宣告發生動亂（*tumultus*）（也就是基於對外戰爭、叛亂或內戰而在羅馬所引發的緊急狀況）的命令為基礎，而它往往就進一步導致懸法的宣告（*iustitium edicere* 或 *indicere*）。

56　　　*Iustitium* 這個字——它的構成方式完全如同 *solstitium*（太陽的至點）——在字面意義上便是「法的停止、懸置」。文法學家從字源上的解釋是：*quando ius stat sicut solstitium dicitur*（當法律靜止不動時，就稱之為 *iustitium*，就好像〔太陽在〕至點〔solstizio〕）。或是按照格利烏斯（Aulus Gellius）的說法：*iuris quasi interstitio quaedam et cessatio*（彷彿就像是法的間斷和某種停歇）。也就是說，懸法所意味的並不單純只是司法程序的懸置，而是法律本身。正是這個弔詭法律制度的意義——它完全只在於製造出一個法的空缺——乃是在此我們必須同時從公法體系和哲學—政治的角度加以考察的。

※ 關於「動亂」（*tumultus*）這個概念的定義，特別是當它關連到戰爭（*bellum*）的概念時，引發了一些有時並未掌握到重點的討論。這兩個概念之間的連結在古代文獻中就已經出現，例如在《斥腓力

4　原文為：*rem publicam defendant, operamque dent ne quid respublica detrimenti capiat.*

辭》（*Philippics*, 8.1）的一個段落中，西塞羅就曾經斷言：「可以存在沒有動亂的戰爭，但不存在沒有戰爭的動亂。」毫無疑問的，這個段落並非認為動亂乃是戰爭的一種特殊或更加強烈的形式（*qualificiertes, gesteigertes bellum*〔參見 Nissen, 1877, p. 78〕）。相反的，就在這段話主張它們之間具有關連的同時，也在這兩個詞彙間置入了不可化約的差異。另一方面，針對李維（Livy）討論動亂之相關段落的分析其實顯示出：雖然動亂的原因可以是（但並非總是）對外戰爭，但這個詞作為專門術語所指涉的，則是那些事件在羅馬所導致的失序與騷動狀態（*tumultus* 相近於 *tumor*，後者具有腫脹、發酵的意思；因此當對抗伊特拉斯坎人〔Etruscans〕戰爭失利的消息傳來時，在羅馬便引發了一場動亂，並且「比事情本身更加恐怖」〔*maiorem quam re terrorem*, Livy. 10.4.2〕）。這個原因與結果之間的混淆清楚地呈現在字典的定義中：（動亂是）任何基於危險的重大與敵人的迫近，為城邦帶來巨大恐慌的突發戰爭（Forcellini 的《拉丁大辭典》（*Totius Latinitatis Lexicon*））[5]。事實上，動亂並非「突發戰爭」，而是其在羅馬造成的「巨大恐慌」。因此同一個詞在其他情況中也可以指涉由內部叛亂或內戰所引發的失序。由此看來，唯一能讓我們理解所有已證實之相關案例的可能定義，乃是在動亂中看出「一種暫時的休止（cesura），藉由它，從公法的角度而言，採取例外措施的可能性才得以實現」（Nissen, 1877, p. 76）。戰爭與動亂之

5　原文為：*bellum aliquod subitum, quod ob periculi magnitudinem hostiumque vicinitatem magnam urbi trepidationem incutiebat.*

57 間的關係，就如同一方面是戰爭與軍事戒嚴狀態，另一方面是例外狀態與政治戒嚴狀態，這兩方面之間所存在的關係。

3.2 究竟要如何在羅馬憲政體制中重構某種像是例外狀態的理論，一直深深困擾著古羅馬的研究者。但既然如我們所見，在公法中本來就普遍欠缺這樣的理論，這件事也就一點也不意外了。

就此而言，蒙森（Mommsen）的態度具有重要意義。當他在他的《羅馬國家法》（*Römisches Staatsrecht*）中必須面對元老院終極諮議和其所預設的迫切狀態時，他發現最好的做法就是訴諸正當防衛權的形象（正當防衛的德文 *Notwehr* 讓人想起緊急狀態的德文 *Notstand*）：

> 就如同在危急情況下，當共同體的保護失去作用時，每個公民都獲得了正當防衛的權利，因此當共同體陷入危機而官僚體制即將失去功能時，對於國家和每一個公民本身而言，便同樣存在著一種正當防衛權。儘管在某種意義上這樣的權利位於法律之外（*ausserhalb des Rechts*），但仍有必要讓這個正當防衛權（*Notwehrrecht*）的本質與適用可以獲得理解，至少在其容許理論說明的限度上。（Mommsen, 1969, vol. 1, pp. 687ff.）

在上述研究中，無論是對例外狀態法外特質的肯認，還是對於理論呈現可能性本身的質疑，都存在著某種猶豫和不一致，而這發生在像他這樣一位有著一向被認為體系性猶勝歷史性的學術心靈的

人身上，實在令人訝異。首先，儘管他充分意識到懸法與終極元老院諮議之間的親近性（*ibid.*, pp. 687-97），然而他並沒有在討論迫切狀態的章節中檢視懸法，而是在探討行政官員（magistrati）的否決權的章節中為之（pp. 263ff.）。[6] 此外，雖然他注意到終極元老院諮議涉及到的主要是內戰（透過它「內戰被宣告」〔p. 693〕），並且也沒有忽略在這兩種情況中徵兵的形式有所不同（p. 695），但他卻似乎並未區分動亂和戰爭狀態（*Kriegsrecht*）。在《國家法》的最後一冊中，他將終極元老院諮議定義為「準獨裁」（quasi-dittatura），認為這個制度是在格拉古（Gracchi）時期被引入憲政體制中，並進一步補充道：「在共和的最後一個世紀中，元老院對於公民實施某種戰爭法的特權從未遭受嚴重的挑戰」（*ibid.*, vol. 3, p. 1243）。然而，這個後來將會被普勞曼（Plaumann）重新提起的「準獨裁」形象，可說是完全誤入歧途：在這裡不僅沒有任何新的官職被創造出來，甚至每個公民都彷彿像是被賦予了某種流動而異常的統治權（*imperium*），其定義則完全超乎常態體制的語彙之外。[7]

6　*Magistratus* 是羅馬共和中「擔負公共管理職責並有權依照法律處理和裁決爭議的人員」。這是一個一般性的名稱，而根據統治權（*imperium*）的有無可進一步區分為高階官員與低階官員，前者包含執政官、裁判官與監察官，後者包含營造司（*aediles*）與基層行政官（*quaestores*）。參考黃風編，《羅馬法辭典》，頁 172。本書將 *magistratus* 譯為「行政官員」或簡稱「官員」，而黃風則譯為「執法官」。

7　*Imperium* 是最高行政官員（執政官）從王政時期的國王（*rex*）沿襲下來的一種原初、統一的最高權力，以侍從官（*lictor*）肩扛的插斧束棒為其外部象徵。此一權力的內涵以軍事上的指揮權（*commando*）為基礎，另外也包含了司法權與強制權（*coercitio*）。除了執政官之外，承繼、分擔其權

在對於這種例外狀態的定義之中，一方面顯示出了蒙森的敏銳之處，卻也正在同一個地方揭露出他的局限。蒙森注意到這個爭議性的權力全然超出官員的憲法權利，因此無法從法律—形式的觀點加以檢視。他如此寫道：

> 如果我們先前已經提過的這件事 —— 護民官和行省長官（governatori delle province）缺乏統治權，或只在名義上擁有它—— 讓我們無法認為這個（包含在終極元老院諮議中的）呼籲，只不過是單純地號召官員們加倍努力地行使其憲法職權；那麼在以下情況中，這件事就更加清楚地展現出來：當面對漢尼拔（Hannibal）的進逼而發布元老院諮議後，所有已卸任的獨裁官（dittatori）[8]、執政官與監察官（censori）全部都重新獲得了

力的獨裁官與裁判官也擁有 *imperium*。而在「向人民申訴」（*provocatio ad populum*）的制度出現後，*imperium* 則進一步被區分為受此限制的、於承平時期在羅馬城內管理治安的 *imperium domi*（城內統治權），與不受此限制的、在羅馬城外以軍事指揮權為核心的 *imperium militia*（軍事統治權）。參考黃風編，《羅馬法辭典》，頁 124-125；Giuseppe Grosso 著，《羅馬法史》，頁 144-146。黃風將 *imperium* 譯為「治權」，本書則譯為「統治權」。

8　獨裁官（*dictator*）是羅馬共和時期的一種特殊的臨時官職。當共和國因為戰爭或內亂而發生緊急狀態時，透過元老院諮議，執政官可以任命一位獨裁官來行使最高統治權（以軍事指揮權為主），以達成解除危機的任務。在獨裁期間，一切權力皆集於獨裁官一人之手，包括執政官在內的所有官員皆須聽其號令。然而獨裁官的權力亦非毫無限制，其中最重要的就是六個月的固定任期，並且大部分的獨裁官都會在任務完成後就提前解職。參考黃風編，《羅馬法辭典》，頁 90；Giuseppe Grosso 著，《羅馬法史》，頁 160-161；William Smith, *A Dictionary of Greek and Roman Antiquities*, London:

統治權，並持續擁有直到擊退敵人。就如同時也包含了監察官的號召所顯示的，這裡涉及到的並非針對曾任官職的例外延長，況且元老院也不會以這種形式下令。毋寧說，我們根本無法從法律─形式的觀點來判斷這些元老院諮議：是迫切性賦予了這樣的權利；而作為共同體最高權威的元老院，透過例外狀態（*Notstand*）的宣告，只不過補充了以下建議：適時組織起必要的個人防衛。（1969, 695-96）

蒙森在這裡提到一個一般公民（privato cittadino）納西卡（Scipio Nasica）的例子。面對執政官拒絕執行終極元老院諮議而採取行動對抗格拉古（Tiberius Gracchus），他高喊道：「希望國家得救的人，跟我來吧！」[9] 隨即殺了格拉古。

這些例外狀態中的領導者（*Notstandsfeldherren*）所擁有的統治權與執政官統治權之間的親近性，多少就像是裁判官和行省執政官的統治權與執政官統治權之間的一樣……。在這裡所被賦予的權力乃是一個指揮官通常擁有的權力，並且無論是用來對抗包圍羅馬的敵人，還是反叛的公民都沒有差別……。不僅如此，這個指揮命令（*Commando*）的權威，無論如何展現，都比在交戰地區（ambito *militiae*）的迫切／緊急狀態中的類似權

John Murray, 1875, pp. 404-408。網址：https://penelope.uchicago.edu/Thayer/E/Roman/Texts/secondary/SMIGRA*/Dictator.html，1/26/2023 瀏覽。

9　原文為：*qui rem publicam salvam esse vult, me sequatur!*

力更加缺乏明確規範；並且也和這些權力一樣，將隨著危機的
緩和而自動消失。（Mommsen, 1969, vol. 1, pp. 695ff.）

在關於這個緊急狀態指揮權（*Notstandscommando*）的描述中——
其中某種流動和「法外」的統治權彷彿被授予任何一位公民——蒙
森已經盡其所能地勾勒出一個例外狀態理論，然而最終卻仍功虧一
簣。

3.3　一八七七年，史特拉斯堡（Strasbourg）大學的教授尼森（Adolph
Nissen）出版了一本專書《懸法：羅馬法律史研究》（*Das Iustitium.
Eine Studie aus der römischen Rechtsgeschichte*）。這本著作試圖分析一個
「至今幾乎尚未被注意到的法律制度」，並基於好幾個理由令人倍感
興趣。首先，尼森是第一個清楚看到一般將懸法（*iustitium*）理解
為「司法假期」（*Gerichtsferien*）是完全不足的。此外，作為術語而
言，在這裡它也必須和其後來所具有的「公共喪禮」（lutto pubblico）
的意義區別來開。舉一個西塞羅在《斥腓力辭》（*Philippics* 5.12）中
告訴我們的關於懸法的典型案例：面對安東尼（Marcus Antonius）
率軍兵臨羅馬城下時，西塞羅向元老院說了以下這段話：*tumultum
censeo decerni, iustitium indici, saga sumi dico oportere*（我認為有必要
宣告動亂狀態，發布懸法，披上戰甲：*saga sumere* 大致意味著公民
們應該要脫下長袍準備作戰）。尼森毫不費力地指出，在這裡將
iustitium 翻譯為「司法假期」完全沒有任何意義。此處所涉及到的毋
寧是面對一個例外情況，移除法律加諸官員的行為限制（特別是色

普洛尼亞法〔*Lex Sempronia*〕所規定的，禁止未經人民命令〔*iniussu populi*〕便處死羅馬公民）。對尼森而言，*Stillstand des Rechts*，「法的暫停與懸置」，便是既按照字面翻譯、同時又定義了 *iustitium* 這個詞的表述方式。*Iustitium*「懸置了法律，透過這種方式，所有的法律規定都不再起作用。沒有任何羅馬公民，無論是政府官員還是一般公民，還擁有權力或負有義務」（*ibid.*, p. 105）。至於這個取消法律運作的目的，尼森則毫無疑問地表示：

> 當法律不再能夠履行它的最高任務，也就是保障共通福祉時，人們便應該適時地將它捨棄。就如在迫切情況下，行政官員透過元老院諮議而解除了法律的限制，因此在更極端的情況中，法律本身便被扔到一邊了。相對於違反法律，當它變得有害時，它就被清除了，它就透過懸法而被懸置。（*ibid.*, p. 99）

也就是說，根據尼森的看法，懸法正回應了馬基維利同樣毫無保留地指出的迫切性。而馬基維利在《論李維羅馬史》（*Discorsi*）中的建議則是「打破」體制以挽救體制：「因此，當一個共和國缺乏類似方法時，就只剩下兩條路：遵守秩序而亡，或是為了不滅亡而打破秩序」（*ibid.*, p. 138）。[10]

61

---

10 值得注意的是，馬基維利在這裡所說的「類似方法」，所指的正是羅馬的獨裁制度。因此他的意思其實是：若要擺脫國家滅亡或法制破棄的兩難困境，就必須具備像是獨裁這樣的緊急體制。參見 Niccolò Machiavelli, *Discourses on Livy*, trans. Harvey C. Mansfield and Nathan Tarcov, University of Chicago Press, 1996, pp. 74-75.

　　透過迫切狀態（*Notfall*）的視角，尼森因此得以對元老院終極諮議、動亂的宣告和懸法做出具有系統關連性的解釋：諮議預設了動亂，而動亂則是懸法的唯一原因。它們不並屬於刑法、而是屬於憲法的範疇，並且意味著「一種暫時的休止，藉由它，從公法的角度而言，採取例外措施（*Ausnahmemaßregeln*）的可能性才得以實現」（Nissen, 1877, p. 76）。

※　在「元老院終極諮議」（*senatus consultum ultimum*）這個詞組中，用來定義它有別於其他諮議之特殊性的詞彙，無疑是形容詞「終極」（*ultimus*），但這點似乎尚未得到研究者們應有的注意。這個詞所具有的術語意義可以透過以下事實得到證明：它不僅被用來定義正當化諮議的情境（迫切終極的元老院諮議〔*senatus consultum ultimae necessitatis*〕），同時也被用來定義「最後的呼喚」（*vox ultima*）——向所有公民發出的救國呼籲（「希望國家得救的人，跟我來吧！」）。

　　Ultimus 源自於副詞 *uls*，意指「在那頭」（al di là，相對於 *cis*，在這邊）。*Ultimus* 字源上的意義因此是：處於絕對另一邊的事物、最極端者。*Ultima necessitas*（*necedo* 字源上的意思是「無法後退」），則是指一個越過它之後保護與援助就不再可能的地帶。但如果我們現在問道：「對於什麼而言，元老院終極諮議處於這樣的一種極端向度呢？」唯一可能的回答只有：法秩序，也就是在懸法中被懸置的事物。在這個意義上，元老院終極諮議與懸法標示出了羅馬憲政秩序的界限。

※ 密德爾（Middel）以拉丁文出版的著作（1887）（其中對於現代
作者則是以德文引用），在關於這個問題的理論性深入分析上，仍
然完全停留在這一邊。雖然他和尼森同樣清楚看到了動亂和懸法之
間存在的緊密關連，密德爾強調的卻是兩者之間的形式對比：動亂
是由元老院發布，而懸法則必須由官員宣告。他因此指出尼森的論
點（懸法作為法律的整體懸置），其實言過其實，因為行政官員並
無法獨力解除法律的限制。透過這種方式，他重新回復了將 *iustitium*
理解為司法假期的古老詮釋，從而錯失了這個制度的意義。事實
上，無論是誰在技術上有資格宣告懸法，可以確定的是，它總是只
有基於元老的權威（*ex auctoritate patrum*）而宣告，因此行政官員
（或只是一般公民）乃是基於一個授權懸置法律的危機狀態而採取
行動的。

3.4 現在讓我們試著確認尼森在書中所提出的懸法特徵，同時將他
的分析朝向例外狀態的一般理論發展推進。

　　首先，正是因為懸法實現了整個法秩序的中止與懸置，所以不
能透過獨裁的典範加以解釋。在羅馬憲政體制中，獨裁官是一種由
執政官選任的特殊官員，而他極為龐大的統治權，則是由界定其目
標的庫里亞法（*lex curiata*）所授予。相反的，在懸法中（即便是由
在位的獨裁官所宣告的情形），並沒有創造出新的官職。現任官員
在懸法宣告後（*iusticio indicto*）事實上所享有的無限權力，並非來
自於他們被授予了獨裁的統治權，而是來自於限制其行動的法律遭
到了懸置。無論蒙森還是普勞曼（1913）對此都知之甚詳，因此他

們並不說獨裁，而是說「準獨裁」。然而這個「準」字不僅對於解消模糊毫無幫助，反而將這個制度的解釋導向了一個顯然有誤的參照典範。

　　而這點也以完全相同的方式適用於現代的例外狀態。無論是一九二一年的施密特，還是二次世界大戰後的羅西特和弗里德里希，把例外狀態與獨裁混在一起都構成了阻礙他們解決例外狀態之難題的限制。無論前者還是後者，他們的錯誤都是自找的：因為若要在法律上證成例外狀態的正當性，那麼將它劃歸盛名遠播的羅馬獨裁傳統中，鐵定要比將它重新歸回其羅馬法中真正的、但卻較為隱晦的系譜典範——懸法——來得容易許多。由此觀之，例外狀態不應依據獨裁的模式被定義為權力的完備、法的完滿狀態（stato pleromatico），而應被定義為一種空虛狀態（stato kenomatico）、法的空缺與停滯。

※ 在現代公法學中，一般習慣將一次世界大戰後在民主危機中誕生的極權國家定義為獨裁政體。因此無論是希特勒還是墨索里尼、佛朗哥（Franco）還是史達林，都無差別地被呈現為獨裁者。然而不管是墨索里尼還是希特勒，嚴格來說都不能夠被定義為獨裁者。墨索里尼是政府首長，合法地由國王授予這個職位，就如希特勒是帝國總理，由正當選出的帝國總統提名任命。法西斯和納粹政體的真正特徵，乃是人們所熟知的以下事實：它們讓現行有效的憲法繼續存在（分別為阿貝帝諾法〔Statuto albertino〕和威瑪憲法），然

而透過一個被準確定義為「雙重國家」（Stato duale）[11] 的典範，在合法的憲法旁並置了第二層結構——這層結構通常並未透過法律明文規定，而它之所以能夠存在於合法的結構之側全拜例外狀態之賜。從法律的觀點而言，「獨裁」一詞因此完全不適合用來說明這樣的政體，正如進一步來說，若要分析當前主導性的治理典範，民主／獨裁間的僵固對立同樣容易產生誤導。

※ 施密特雖然不是一位羅馬研究者，但仍然知道懸法作為一種例外狀態的形式（「戒嚴法〔martial law〕預設了某種懸法〔iustitium〕」〔Schmitt, 1921, p. 173〕）。他極有可能是透過尼森的專著認識到這件事（尼森的名字在這本關於獨裁的書中曾被引用，雖然引用的是另一個文本）。雖然和尼森共同分享著例外狀態代表某種「法的空缺」的想法（尼森談到法律的真空地帶〔vacuum giuridico〕），施密特在論及元老院終極諮議時，卻仍然偏好採取「準獨裁」的說法（這表示他若非知道普勞曼在一九一三年出版的研究，至少也知道蒙森的《國家法》）。

3.5 這個突然降臨重疊於城邦空間的無法空間是如此地獨特，使得不只是現代的研究者迷失了方向，就連古代文獻亦然。因此當李維　64

11　此一概念出自 Ernst Fraenkel 於一九四一年出版的著作，其最新版本可參考 Fraenkel, Ernst, E.A. Shills, and Jens Meierhenrich, *The Dual State: A Contribution to the Theory of Dictatorship* (Oxford, 2017; online edn, Oxford Academic, 22 June 2017), https://doi.org/10.1093/acprof:oso/9780198716204. 001.0001, accessed 26 Nov. 2023.

（Livius）描述懸法所創造出的情境時，他指出作為羅馬最高行政官員的執政官被 *in privato abditi*、貶為一般公民的地位（Livy 1.9.7）。另一方面，西塞羅則在論及納西卡的姿態時寫道：他雖然只是一般公民，但在殺死格拉古的那一刻，他的行動卻「彷彿像是一位執政官」（*privatus ut si consul esset*〔Tusc., 4.23.51〕）。懸法似乎重新讓公共空間的基礎本身成為問題；然而，反過來說，私人空間的根基也同樣被直接取消。這個私與公、市民法（*ius civile*）與統治權（*imperium*），甚至在臨界點上，法律與非法律的弔詭重合，正暴露出了關於一個根本問題的思考的困難或不可能：在懸法期間所為之行動的本質。何謂一個完全源自法的空缺的人類實踐？彷彿當面對到前方打開了一個對於人的行動而言全然無法的空間時，無論是古人還是今人都在驚慌之中退避三舍。對此蒙森和尼森也無法倖免（即使尼森完全肯認懸法具有法律「死亡時刻」〔*tempus mortuum*〕的特徵），因此前者仍然抱持一種無法再進一步闡明的「緊急狀態指揮權」（*Notstandscommando*），後者則抱持著一種「無限命令」（*Befehl*〔Nissen, 1877, p. 105〕），並相應於一種同樣無限的服從。然而，這樣的一種指揮／命令（comando）究竟如何能夠在欠缺任何法律規定與決定的情況下繼續存在呢？

　　我們也應該從這個角度來看待另一種不可能性（同樣古今文獻皆然），那就是明確定義那些在懸法期間出於拯救國家（*res publica*）之目的所為的行動的法律後果。這個問題具有特殊的重要性，因為它關係到殺害一個未被定罪（*indemnatus*）的羅馬公民是否可罰。

65　西塞羅在談到歐皮米烏斯（Opimius）對於蓋約・格拉古（Caius

Gracchus）之追隨者的殺戮時，就已將為了執行元老院終極諮議而殺害羅馬公民的人是否可以加以處罰的問題界定為一個「永無止盡的問題」（infinita quaestio〔De oratore 2.31.134〕）。另一方面，尼森則不認為一旦懸法終止後，無論是執行元老院諮議的官員還是追隨他的一般公民可以被處罰。然而實際的情形卻正好相反：歐皮米烏斯最終還是遭到起訴（雖然後來被免除刑責），西塞羅則因為對喀提林（Catilina）謀反的血腥鎮壓而被判流放。

　　事實上，這整個提問方式都很糟糕。如果想釐清這個難題，其實唯有如此設想：正因為懸法期間的所作所為是在一個法的空缺中產生的，所以從根本上就被排除於一切的法律決定之外。從法的觀點而言，我們可以將人的行為區分為立法、執法與違法行為。然而所有的證據都顯示，官員或一般公民在懸法期間的行為既非執行、亦非違反某個法律，更非制定法律。所有的研究都一致同意以下事實：元老院終極諮議完全沒有任何正面內容——它僅限於透過一個極為空泛的慣用語表達其建議（「請執政官視情況而定……」〔videant consules...〕），從而讓官員或為他行動的人享有依其所信而行動的完全自由，甚至極端而言，也可以完全不行動。因此，如果我們無論如何都想賦予這個在無法的情況下所為的人類行動一個名稱的話，我們或許可以說，在懸法期間行動的人既非執行、亦非違反法律，而是**不執行**（inesegue）法律。在這個意義上，他們的行動只是單純的事實，而對於這些行動的評價，當懸法一旦終止時，則將視情況而定。但只要仍處於懸法期間，這些行動就絕對無法被決定；至於其本質的界定——執法還是違法，甚至極端而言，是人

66

性、獸性還是神性的——則脫離了法的領域。

3.6 現在讓我們嘗試以論點的形式，綜整摘要我們對於懸法的系譜學考察結果。

（1）例外狀態不是獨裁（無論是憲政獨裁還是非憲政獨裁、委任獨裁還是主權獨裁），而是一個欠缺法的空間，一個所有法律決定——其中首先是公與私的區分本身——都停止作用（disattivate）的無法地帶。因此所有那些試圖將例外狀態直接連結於法律的學說都是錯的；而這些理論也同樣有誤：無論是將迫切性視為法律的原初泉源，或是將例外狀態看作是國家自衛權的行使，抑或看作是法律原初之完滿狀態的重新回復（「全權」）。另一方面，那些試圖將例外狀態間接地寫入法律脈絡中的學說，例如施密特的，也同樣有所謬誤：無論是將它奠基在法規範與實現法的規範、制憲權與憲制權、還是規範與決定的區分之上。迫切狀態並非一種「法律狀態」，而是一個沒有法律的空間（然而它也不是一種自然狀態，而是呈現為由法的懸置所產生的無法狀態）。

（2）這個欠缺法的空間似乎基於某種原因而對法秩序來說如此地重要，以致於它必須尋求一切手段確保和這個空間的關係。彷彿法秩序為了奠定自身，就必須維持與某種無法狀態的關連性。一方面，在例外狀態中所涉及到的法的空缺，似乎對法而言是絕對無法思考的；另一方面，這個不可思議者對法秩序而言卻又具有某種決定性的策略關連，而正因此無論付出任何代價都不能讓它逃脫。

（3）其中一個跟法的懸置相關的關鍵問題，是關於懸法期間所

為之行動的問題，而這些行動的本質似乎脫離了一切的法律定義。因為它們並非違法、執法或立法，對於法律而言，這些行動似乎便處在一個絕對的無處／無據之處（non-luogo）。[12]

（4）正是為了回應這個無法定義性和這個無處之處，才產生了法律效力的想法。彷彿法律的懸置釋放出了某種力量或神祕元素、某種法律「馬那」[13]（mana，這個說法被瓦根弗爾特〔Wagenvoort〕用來定義羅馬的權威〔auctoritas〕概念〔Wagenvoort, 1947, p. 106〕），而對此無論是掌權者或其對手、憲制權力或制憲權力，都試圖將它占為己有。與法律分離的法律效力、流動的統治權、有效但不適用、或是更一般性地某種法的「零度」的想法，全都是某種虛構，而法律則試圖藉由它們來納入自身的不在場，進而奪取例外狀態，或至少確保自己與它的關係。這些範疇就像是十九到二十世紀的人類學與宗教研究中的「馬那」或「神聖」（sacer）概念[14]，其實乃是某種反覆出現的科學神話主題（mitologemi scientifici），然而，這並

---

12 Non luogo a procedere 意指免於起訴。

13 馬那（mana）：「波里尼西亞人和美拉尼西亞人（Polynesian and Melanesian peoples）信仰的一種超自然力量，可以為人、神靈或無生命的物體所擁有。馬那可以是善良的、有益的，也可以是邪惡的、危險的，但並非無人格的（impersonal）；這個詞的使用總是與強大的存有或事物有關。這個詞最初使用於十九世紀的西方，並與宗教相關，現在則被視為一種象徵，用來表達階級社會中有地位的人所具有的特殊品質、對於他們的行為提供制裁的手段、以及解釋他們失敗的原因。」（馬那，引自《大英簡明百科中英對照知識庫》，網址：http://140.112.113.3/ebintra/concise/content.aspx?id=15684&hash=UHOHVPmH60ol8GMyYdsj7g%3d%3d，1/31/2023 瀏覽；中譯略改。）

14 關於「神聖」（sacer）概念的簡介可參考本書導讀注 11。

不意味著分析它們在法律環繞著無法狀態所發動的漫長戰爭中所發揮的作用是不可能的,或是沒有用的。事實上,很可能這些範疇所關乎者,一點都不亞於施密特以「政治性」(il politico)加以界定的事物。[15] 一個理論的基本任務因此不僅在於釐清例外狀態是否具有法的本質,更在於界定它與法之關係的意義、所在之處與各種模式。

15　施密特在《政治的概念》(*Der Begriff des Politischen*, 1932)中將「政治性」定義為:做出對於政治共同體而言,誰是敵人、誰是朋友的決斷。

第四章
環繞著一個空缺的巨人之戰
Gigantomachia intorno a un vuoto

4.1 正是從這樣的觀點出發，我們現在將要開始閱讀班雅明與施密 68
特之間關於例外狀態的論辯。這場從一九二五到一九五六年之間、
以不同方式與強度所展開的論辯，相關的公開檔案並不多：包含班
雅明在《德意志哀悼劇的起源》中對《政治神學》的引用、一九
二八年的履歷、以及他在一九三〇年寫給施密特的信。這封信見證
了他對於這位「法西斯公法學家」的興趣和推崇（Tiedemann, in
Benjamin, *Gesammelte Schriften*, vol. 1.3, p. 886）而一向被視為一樁醜
聞。此外還有施密特在《哈姆雷特或赫庫芭》一書中對班雅明的引
用與參照，但此時這位猶太哲學家已經過世了十六年。這份檔案在
施密特一九七三年寫給維索（Viesel）的信在一九八八年出版後得
到進一步的擴充，信中施密特聲稱他一九三八年關於霍布斯的著作
是懷著「尚未被注意到的……對於班雅明的回應」的構想而寫的
（Viesel, 1988, p. 14；參見布瑞德坎普〔Bredekamp〕的評論〔1998, p.
193〕）。

　　然而，尚未進入眾人視野的檔案其實更多，並仍有待挖掘其中
蘊含的完整意義。事實上，我們將試圖呈現，應該被放入這個檔案
中的第一份文件並不是班雅明對《政治神學》的閱讀，而是施密特
對班雅明的論文〈暴力之批判〉（1921）的閱讀。這篇文章發表在 69
《社會科學與社會政策檔案》（*Archiv für Sozialwissenschaften und Sozial-
politik*）第四十七期，一份由當時仍在海德堡（Heidelberg）大學任
教的萊德勒（Emil Lederer）擔任共同主編的期刊（他後來去了紐約
的社會研究新學院〔New School for Social Research〕），而他是班雅
明這段期間密切交往的人之一。同時我們可以看到，不只從

一九二四到一九二七年這段期間，施密特在《檔案》上發表了多篇
學術論文與其他文章（其中包含《政治的概念》的第一版），仔細
檢閱他的著作腳注和參考文獻顯示，打從一九一五年起施密特就是
這份刊物的固定讀者（在他的全部引用中，包含了刊登班雅明論文
那期的前一期與後一期）。作為一位《檔案》的長期讀者與投稿者，
施密特很難不注意到一篇像是〈暴力之批判〉這樣的文本，尤其是
將如我們所見，這篇文章觸及到對他而言極為重要的問題。班雅明
對施密特主權學說的興趣一向被視為醜聞（陶卜斯〔Taubes〕有一
次曾將班雅明一九三〇年寫給施密特的信認定為「一顆足以粉碎一
般對於威瑪思想史描述的地雷」〔Taubes, 1987, p. 27〕）。透過翻轉
這樁醜聞，我們將試圖把施密特的主權理論解讀為對班雅明之暴力
批判的回應。

4.2 班雅明這篇論文的目標在於確保一種絕對「外在」（*außerhalb*）
與「超越」（*jenseits*）法律的暴力（violenza）的可能性（德文 *Gewalt*
同樣也可以單純指「力量」〔potere〕）。這種暴力將能夠打斷制定法
律的暴力和維護法律的暴力（*rechtsetzende und rechtserhaltende Gewalt*）
之間的辯證。班雅明將這種另類暴力的形象稱之為「純粹」暴力
（*reine Gewalt*）或是「神」的暴力（violenza divina），而在人的場域
則是「革命」暴力。那對法律而言無論如何都無法容忍的、那讓它
感到不可妥協之威脅的，就是這麼一種外於法律的暴力的存在。但
這並非因為這樣的一種暴力的目的與法律無法相容，而是「基於它
外於法律存在的單純事實」（Benjamin, 1921, p. 183）。班雅明的批

判任務就在於證明這種暴力的存在現實（*Bestand*）：「如果對於這個暴力而言，某種同樣超越法律的存在現實可以得到確保，那麼革命暴力的可能性也就得到了證明，而革命暴力正是被賦予人的純粹暴力的最高展現」（*ibid.*, p. 202）。這種暴力的特徵在於它既不制定、也不維護法律，而是廢除法律（*Entsetzung des Rechtes*）（*ibid.*），進而打開一個嶄新的歷史時代。

在這篇論文中，班雅明並沒有提到例外狀態，即便他使用了緊急狀況（*Ernstfall*）這個字，而這個字在施密特那裡乃是例外狀態（*Ausnahmezustand*）的同義詞。但另一個施密特詞彙中的專門術語則有出現在這個文本中，那就是 *Entscheidung*、決定。法律，班雅明寫道，「將在特定地點與時間上被確定下來的決定看作是一個形上學範疇」（*ibid.*, p. 189）。然而，對於這樣的認定，在現實中所相應的卻只有「那奇特又令人沮喪的經驗：一切法律問題的最終無可決定性（*die seltsame und zunächst entmutigende Erfahrung von der letztlichen Unentscheidbarkeit aller Rechtsprobleme*）」（*ibid.*, p. 196）。

4.3 施密特在其《政治神學》中所發展出來的主權學說，因此可以解讀為對於班雅明論文的精準回應。〈暴力之批判〉的策略是要確保一種純粹而無法的暴力的存在，相反的，施密特的策略則在於將這樣一種暴力重新導回法律的脈絡之中。例外狀態便是他試圖捕捉班雅明關於純粹暴力的想法的空間，並試圖將無法狀態（anomia）寫入法（*nomos*）的體制本身。根據施密特的看法，一種純粹的、亦即絕對外於法律的暴力是不可能存在的，因為在例外狀態中，這

71

樣的一種暴力正是透過將其自身排除於法律之外而被納入法律之中。也就是說，例外狀態乃是施密特用來回應班雅明對一種全然無法之人類行動的肯認的裝置。

　　然而，這兩個文本間的關係其實比上述的更加緊密。我們之前已經看到施密特如何在《政治神學》中放棄了制憲權力與憲制權力的區分——而這個區分在一九二一年的書中奠定了主權獨裁的基礎——以便由決定的概念取而代之。若要掌握這個取代的策略性意涵，就必須將它理解為針對班雅明的批判的一種反制措施。班雅明的標靶——制定法律的暴力和維護法律的暴力之間的區分——事實上正逐字對應於施密特所提出的對立；而正是為了取消純粹暴力的嶄新形象——因為它竟擺脫了制憲權力和憲制權力之間的辯證——施密特才展開他關於主權理論的闡述。《政治神學》中的主權暴力，於是以一種既不制定、也不維護，而是懸置法律的權力形象，回應了班雅明論文中的純粹暴力。正是在這個意義上，為了回應班雅明關於一切法律問題之最終無可決定性的想法，施密特才提出了主權乃是最極端之決定所在的主張。而這個決定的所在之處既非法外亦非法內，也就是說，主權乃是一種界限概念（Grenzbegriff），則是施密特試圖取消純粹暴力、確保無法狀態與法律脈絡之關係的必然結果。並且，就如對班雅明而言，純粹暴力本身無法透過決定（Entscheidung）加以辨識（ibid., p. 203），因此同樣對施密特來說，「不可能以明確的涵攝來確認何時出現了迫切情況，而當真的涉及到迫切情況及其排除時，也不可能在內容上描述將會發生什麼事」（Schmitt, 1922, p. 12）。然而，透過一個策略性的翻轉，正是這個

不可能性奠定了主權決斷的必要性。

4.4　如果上述這些假設可被接受的話，那麼班雅明與施密特之間的整個公開辯論就會呈現出新的光景。班雅明在《哀悼劇》一書中對巴洛克君王／主權者（il sovrano barocco）的描述，將可被解讀為對於施密特主權理論的回應。山繆‧韋伯（Sam Weber）已經敏銳指出，就在他引用施密特的主權定義時，班雅明引入了一個「細微、但決定性的調整」（Weber, 1992, p. 152）。巴洛克的主權概念，班雅明寫道，「其發展來自於有關例外狀態的討論，並且將其排除（*den auszuschließen*）視為君王所被賦予的最重要功能」（Benjamin, 1928, p. 245）。透過以「排除」取代「決定」，班雅明就在他援引施密特定義的同時，悄悄地改變了他的定義：主權者不應該藉由決定例外狀態而將它以某種方式納入法秩序中；相反的，他應該將它排除、讓它留在法秩序之外。

　　這個實質調整的意義，只有在其後的數頁中、透過一個真正關於「主權者之優柔寡斷」（indecisione sovrana）的理論闡釋才得以釐清。然而，也正是在這裡，閱讀與反讀（controlettura）之間交織得更加緊密。如果對施密特而言，決定是結合主權與例外狀態的連結點，那麼班雅明則諷刺地將主權者的權力從其行使分離開來，從而彰顯出巴洛克的主權者在其構成上便處於決定的不可能中。

　　主權者的權力（*Herrschermacht*）和行使它的能力（*Herrschvermögen*）之間的對立性，在巴洛克戲劇中導向了一個奇特的特徵。這個　　73

特徵只有從表面上看來才屬於這種戲劇類型，並且唯有從主權
理論的基礎出發才得以闡明。那就是關於暴君的決斷力
（*Entschlußfähigkeit*）。[1] 對於必須做出例外狀態之決定的君王而
言，他在第一時間所顯示的，卻是這個決定對他來說是多麼地
不可能。（*ibid.*, p. 250）

主權者的權力與其行使間的分裂，恰恰準確對應於法規範與實
現法的規範之間的分裂，而後者在《獨裁》中則奠定了委任獨裁的
基礎。針對施密特的反擊——他在《政治神學》中為了回應班雅明
對制憲權與憲制權之辯證的批判而引入決定的概念——班雅明則透
過再次引用施密特關於規範與其實現間的區分加以回擊。每一次都
應該要能決定例外的主權者，正好就是將法律體系切開的裂縫變得
無法復合之所在：在權（*Macht*）與能（*Vermögen*）之間、在權力與
其行使之間，綻開了一段間距，沒有任何決定能夠加以填補。

　　這也就是為何，透過一個進一步的挪移，例外狀態的典範不再
是如同《政治神學》中的奇蹟，而是浩劫／劇變（catastrofe）。[2]「對
立於復興的歷史理想，它〔巴洛克〕面對的是劇變的觀念。正是針
對這個對立才構作出了例外狀態的理論」（*ibid.*, p. 246）。

1　原文為 Das ist die Entschlußunfähigkeit des Tyrannen，應譯為「那就是暴君
的無決斷力」。

2　Catastrofe（catastrophe）具有「戲劇（特別是指希臘悲劇）之結局」與「大
災難」的雙重意涵，而在這裡應該二者兼具。然而如同以下關於「終末」
的討論將會指出的，這個災難性的結局並非絕對的否定與終結，而毋寧是
某種徹底的轉變。因此選擇以「劇變」譯之。

　　然而，《全集》（*Gesammelte Schriften*）文本中的一個不當校訂卻阻礙了對這個挪移的完整意義的評估。我們在班雅明的文本中讀到的是：*Es gibt eine barocke Eschatologie*，「有一種巴洛克的終末論」。然而，編者卻因為一時完全疏忽了考據上的謹慎，將它修正為：*Es gibt keine...*，「沒有巴洛克的終末論」（*ibid.*）。但接下來的段落在邏輯和句法上則與原本的講法是融貫的：「正因如此，〔有〕一種在將地上的造物交付終結（*dem Ende*）前，將它們聚集起來並加以提升的機制。」也就是說，巴洛克知道某種終末（*eschaton*）、時間的終結。然而，班雅明隨即明確指出，這個終末是空的：它既不知救贖，亦不知彼岸，而仍內在於此世之中。「彼岸抽空了一切而不再殘留一絲塵世氣息，巴洛克則從中吸取了直到當時仍然逸脫一切藝術表現的大量事物，以空出一個終極之天（*cielo*），以便某日能在此虛空中以劇變的暴力毀滅大地」（*ibid.*）。

　　正是這樣一種「空白終末論」（*escatologia bianca*）──它並非將塵世導引到救贖的彼岸，而是將之託付給一個絕對空無的天堂──將巴洛克的例外狀態展現為劇變。也正是這個空白終末論，斬斷了用來定義施密特政治神學的主權與超越性、君王與上帝之間的對應關係。在施密特那裡，「主權者……被等同於上帝，並且他在國家中所占據的位置，正是在笛卡兒體系的世界中歸屬於神的位置」（Schmitt, 1922, p. 260）。然而在班雅明這邊，主權者則「仍然包含在上帝創造的領域中；他雖是萬物之主，卻仍是一個受造物」（Benjamin, 1928, p. 264）。

　　對主權功能如此劇烈的重新定義，也就同時蘊含了例外狀態的

74

不同處境。它不再呈現為擔保內與外、無法狀態與法律脈絡之接合的界閾，而這個接合則是透過某種懸置自身卻依然有效的法律。相反的，它是在無法與法之間絕對無法確定的地帶，其中造物界與法秩序一起被捲入了同一場劇變之中。

4.5 在班雅明—施密特檔案中的決定性文件，無疑是歷史的概念的第八子題。這份文件是班雅明在過世前幾個月完成的，我們在這裡讀到：

> 受壓迫者的傳統教導我們，我們生存其中的「緊急狀態」（stato di emergenza）乃是常規（regola）。我們應該要獲得一個與此事實相符的歷史概念。這麼一來，在我們面前就會出現一項任務：創造出真實的例外狀態（stato di eccezione effettivo〔*wirklich*〕）；而這將會提升我們在對抗法西斯之鬥爭中的地位。（Benjamin, 1942, p. 697）

例外狀態已然成為常規，這不只是在《哀悼劇》中展現為其無可決定性的單純極端化而已。我們在此不能忘記，無論是班雅明還是施密特所面對都是納粹帝國（Reich nazista）這樣的一個國家，其中例外狀態在一九三三年宣告之後就從未取消。從法律學者的角度而言，也就是從技術上而言，德國是處於主權獨裁的情況，應該邁向威瑪憲法的明確廢除和新憲法的建立，而施密特則在一九三三至一九三六年的系列文章中致力於界定這部新憲法的基本特徵。但施

密特萬萬不能接受的是：例外狀態與常規之間完全混同。在《獨裁》中他就已經指出，如果將每一個法律秩序都看作「只不過是潛在與間歇的獨裁」，就不可能得到獨裁概念的正確定義（Schmitt, 1921, p. XIV）。《政治神學》雖然為了使建構正常領域成為可能而毫無保留地承認了例外的優先性，但如果在這個意義上，規則「僅自例外而生」（Schmitt, 1922, p. 22），那麼當例外與規則之間變得無可決定時，將會發生什麼事呢？

　　根據施密特的觀點，法秩序的運作最終奠基在一個裝置、也就是例外狀態上，其作用則在於透過暫時懸置規範的有效性（efficacia）使其得以適用。一旦例外成為常規，這部機器就失靈了。在這個意義上，第八子題中所提出的規範與例外間的不可決定性，著實將了施密特理論一軍。主權者的決定不再能夠履行《政治神學》所交付的任務——如今，規則重合於它所賴以維生之物，吞沒了自身。然而，這個例外與規則的混同卻正是第三帝國已然具體實現的事，對此希特勒執意於建構他的「雙重國家」組織而未頒布新憲適足以為證（就此而言，施密特試圖界定納粹帝國中領袖〔Führer〕與人民間的新實質關係的努力則注定失敗）。

　　我們應該從這個角度來解讀在第八子題中班雅明關於真實例外狀態與單純例外狀態（stato di eccezione *tout court*）之間的區分。如我們所見，這個區分已經出現在施密特關於獨裁的論著中。施密特是從萊納赫的《論戒嚴狀態》一書借來這個詞；然而，相對於萊納赫在一八一一年十二月二十四日的拿破崙命令脈絡中將真實的（或軍事的）例外狀態（*état de siège effectif*）對立於擬制的（或政治的）

例外狀態（*état de siège fictif*），施密特則在他對法治國努力不懈的批判中，將宣稱由法律加以規範、以在某種程度上保障個人權利與自由的例外狀態稱為「擬制／虛構的」（fittizio）。因此他強烈抨擊威瑪法學家們無法區辨帝國總統依據四十八條所採取的單純事實行動，與透過法律加以規範的程序之間的差別。

在這裡，班雅明則再一次地重構這個對立，並將它轉過來瞄準施密特。當擬制／虛構例外狀態的一切可能性都破滅時——原本在其中例外和正常情況還能在時間和空間上加以區分——如今「我們生存其中」的例外狀態就是真實的，而例外與規則之間則絕對無法決定。所有在暴力與法律之間建立連結的擬制在這裡都消失了——只有一個無法地帶，其中運作著一種不再具有法律外觀的暴力。國家權力試圖透過例外狀態併吞無法狀態的企圖被班雅明揭穿了真面目：一個極致的法律擬制（*fictio iuris*），一種宣稱在法律本身的懸置中繼續維持法律的法律效力。如今取而代之的則是內戰與革命暴力，亦即，一種廢除一切與法律之關係的人類行動。

4.6 現在我們終於可以更清楚地界定在班雅明與施密特的例外狀態論戰中的賭注。爭議發生在同一個無法地帶：對一方而言，這個地帶必須不計代價地維持與法律的關係；對另一方而言，則同樣必須持續不懈地將這個關係鬆綁和解放。換言之，在這個無法地帶中成為爭議的乃是暴力與法律間的關係——最終而言，便是暴力作為人類行動之密碼的地位。面對施密特每一次都試圖將暴力重新寫入法律脈絡中的姿態，班雅明的回應則是每一次都試圖確保它——作為

純粹暴力──具有外於法律的存在。

　　基於我們將會試圖闡明的理由，這場關於無法狀態的鬥爭對西方政治的決定性，似乎絲毫不亞於那場 *gigantomachia peri tes ousias*，也就是界定西方形上學的「關於存有的巨人之戰」。相對於純粹存有（essere puro）、相對於作為形上學之終極賭注的純粹存在（pura esistenza），在這裡則是作為政治之極端對象的純粹暴力、某種政治之「物」（cosa）。而相對於企圖將純粹存有捉進邏各斯（*logos*）之網的存有論─神學─邏輯學策略（strategia onto-teo-logica）的，則是必須確保無法暴力與法律之關係的例外策略。

　　換句話說，這裡所發生的一切彷彿都在說明：無論是法律還是邏各斯都需要一個懸置的無法（或無邏各斯／無邏輯〔alogica〕）地帶，才得以奠定它們對於生活世界的指涉。法律似乎唯有透過對於無法的捕捉才得以持存，正如語言唯有藉由掌握非語言才得以存續。在這兩者中，衝突似乎都環繞著一個空無的空間展開：一方面是無法狀態、法的真空（*vacuum*），另一方面則是純粹存有、缺乏一切規定和真實表述。對法而言，這個空無的空間便是作為其構成向度的例外狀態。規範與現實的關係涉及到規範的懸置，正如在存有論中，語言與世界的關係涉及到以語言（*langue*）的形式對指涉的懸置。然而，對法秩序而言同樣重要的是，在這個地帶──其中存在著與規範無關的人類行動──重疊著一種極端和幽靈般的法律形象，其中法律分裂為一種不適用的純粹有效性（pura vigenza）（所謂的法律形式〔forma-di-legge〕），和一種無效的純粹適用，也就是法律效力（forza-di-~~legge~~）。

　　倘若以上所言不虛，那麼例外狀態的結構將比我們目前為止所見到的更為複雜，並且在例外狀態中鬥爭、同時也為例外狀態而鬥爭的雙方立場，將交織得更加緊密。正如在一場競賽中，參賽雙方中一方的勝利對於比賽而言，並非某種有待回復的原初狀態，而僅僅是比賽的賭注，也就是說，並非先於比賽而存在，而是來自於其結果。因此，純粹暴力，作為班雅明對一種既不制定、亦不維護法律的人類行動所賦予的名稱，並不是某種人類行為的原初形象，在某個點上才被捕捉登錄於法秩序中（就如對會說話的人類而言，並不存在一個先於語言的現實，而後才在某個點上墜入語言中）。它（純粹暴力）毋寧只是關於例外狀態的鬥爭賭注：它來自於這場鬥爭的結果，並且唯有透過這種方式，才成為了法律的預—設（pre-supposto al diritto）。

₇₉**4.7**　更重要的是：正確地理解作為班雅明論文中之核心術語的表述，*reine Gewalt*、純粹暴力的意義。「純粹」在這裡究竟意味著什麼？一九一九年一月，也就是開始寫作這篇論文的大約一年前，班雅明在一封寫給荀恩（Ernst Schoen）的信中（在信裡他重拾並開展了在一篇關於施蒂弗特〔Stifter〕的文章中已經闡述過的主題），詳細地定義了他所理解的「純粹性」（*Reinheit*）：

　　　　預設在某個地方有一種僅存在於自身之中的純粹性，並且只需要被保存下來的想法是錯誤的……。一個存有的純粹性**絕非無條件和絕對的**，而總是從屬於某個條件。這個條件根據純粹性

所關乎的存有為何而有所不同，但**絕非**存在於存有本身。換言之，任何一個（有限的）存有的純粹性絕非取決於該存有本身……。對於自然而言，那在其自身之外的純粹性條件便是人的語言。（Benjamin, 1966, pp. 205 ff.）

對班雅明而言，這個非實質性、而是關係性的純粹性構想是如此地重要，以致於在一九三一年探討克勞斯（Kraus）的論文中他得以再次寫道：「在造物的起源處存在的並非純粹性（*Reinheit*），而是純粹化（*Reinigung*）」（Benjamin, 1931, p. 365）。這意味著，作為一九二一年論文探討對象的純粹性，並不屬於暴力行動在其自身中所具有的實質特徵——也就是說，純粹暴力與神話—法律暴力之間的差異並非存在於暴力本身，而是存在於它與某種外在事物間的關係。至於什麼是這個外在條件，則在文章的一開頭就已被堅定指出：「暴力之批判的任務可以定義為：闡明它與法律和正義的關係。」因此，關於暴力的「純粹性」判準，也就存在於它與法律的關係之中（而在這篇文章中，關於正義的主題其實只有在與法的目的的關係中被論及）。

班雅明的論點是：相對於神話—法律暴力總是某個目的的手段，純粹暴力則絕非關於某個目的（無論其是否正義）的單純手段（無論其是否正當）。對於暴力的批判因此並非基於暴力作為手段所追求的目的來評價它，而是將這個判準的找尋置於「手段本身的場域中的某個區分，而無關乎其追求的目的」（Benjamin, 1921, p. 179）。

正是在這裡出現了一個在文本中僅閃現一次，卻足以照亮整篇文章的主題：那就是暴力作為「純粹媒介」（medio puro），也就是某種弔詭的「無目的的媒介性」（medialità senza fini）的形象。也就是說，作為一種手段，儘管仍然如此保持著，卻被設想為獨立於其所追求的目的。問題因此不再是指出正義的目的，而毋寧是「辨識出另一種類型的暴力：它顯然不會是對於這些目的的正當或不正當的手段，而是一般性地並不作為手段來指涉這些目的，而是以另一種不同的模式（*nicht als Mittel zu ihnen, vielmehr irgendwie anders, sich verhalten würde*）」（*ibid.*, p. 196）。

那麼，這另一種與目的的關係模式會是什麼呢？在這裡可以將我們先前已經展開的、關於純粹性在班雅明思想中所具有之意義的考量，同樣適用在「純粹」媒介的概念上：媒介的純粹性並非由它的某種特殊的內在屬性所賦予，並藉此將它與法律手段區別開來，而是來自於它與法律手段的關係。如同在探討語言的文章中一般，語言之所以是純粹的，是因為它並非以溝通為目的的工具，而是直接溝通自身，也就是一種單純的可溝通性（comunicabilità）；因此，只有當暴力不處在相應於某個目的的手段關係中，而是保持在與其本身的媒介性的關係中時，它才會是純粹的。並且，正如純粹語言並非另一種語言、並非存在於另一個有別於自然溝通語言的地方，而是透過將它如其所是地呈現出來，在自然溝通語言中展現自身；因此，同樣的，純粹暴力唯有透過揭示（esposizione）並廢除（deposizione）暴力與法律之間的關係，才能夠證實自身的存在。而這正是班雅明隨即透過一個關於暴力的主題所提示的：在憤怒之

中，暴力不再是手段，而只是展現（*Manifestation*）。相對於作為制定法律之手段的暴力絕不可能廢除自身與法律的關係，並因此使法律即位為權力（*Macht*），從而始終「緊密、必然地與法律綁在一起」（*ibid.*, p. 198）；純粹暴力則揭示並斬斷法律與暴力之間的連結，因此最終得以不呈現為治理或執行的暴力（*die schaltende*），而是純粹地行動與展現的暴力（*die waltende*）。而如果在這樣的模式中，純粹暴力與法律暴力、例外狀態與革命暴力之間的牽連是如此緊密，以致於面對面坐在歷史棋盤上的兩位棋手，似乎總在移動著同一顆棋：一回又一回的，法律效力或純粹手段。儘管如此，關鍵仍然在於無論在任何情況下，區分的判準都取決於暴力與法律之關係的解消。

4.8 我們應該從這個觀點出發，進一步閱讀在一九三四年八月十一日班雅明寫給蕭勒姆（Scholem）的信中所主張的，「一部沒有解讀之鑰的經典不是經典，而是生命」（Benjamin, 1966, p. 618），以及他在關於卡夫卡的論文中主張的，「不再實際運用而僅供研讀的法律乃是通往正義之門」（Benjamin, 1934, p. 437）。沒有鑰匙的經典（妥拉〔Torah〕），正是解開例外狀態中之法律的密碼；然而，蕭勒姆在絲毫未察覺到他與施密特共享著同樣論點的情況下，仍然認為它是法律，只不過有效但不適用，或適用但非有效。然而，對班雅明來說，這樣的法律——或毋寧說是法律效力——不再是法律，而是生命：那在卡夫卡的小說中「生活在矗立著城堡的山丘下的村落中」的生命（*ibid.*）。最專屬於卡夫卡的姿態並不在於（如蕭勒姆

所認為的），維持一種不再具有意義的法律，而在於展現出像這樣
的法律，因為在每一點上都與生命相互混同（indeterminarsi），已
經不再是法律。[3]

　　相應於純粹暴力對於神話—法律暴力的揭露，在關於卡夫卡的
論文中則存在著作為某種殘餘的謎樣法律形象，一種不再適用、僅
供研讀的法律。因此，當法律廢除了它與暴力和權力之間的連結
後，仍然存在著某種可能的法律形象；然而，這裡所涉及到的法律
將不再有效、亦不再適用，就像那位「新來的律師」在翻閱「我們
古老的法典」時所埋首研讀的法律。[4]抑或是當傅柯（Foucault）談
到一種從一切規訓和與主權的關係中解放出來的「新的權利／法
律」（nuovo diritto）時，或許心中所想像的法律。

　　以這種方式在被廢除之後仍然繼續存活下來的法律，究竟可以
具有何種意義呢？班雅明在這裡遭遇到的難題，正對應於可以藉由
以下這些用語加以表述的問題（第一次是在原初基督教中獲得有效
的表述，第二次則是在馬克思主義的傳統中）：在法律由彌賽亞完
成（compimento messianico）後，它將發生什麼變化（這是保羅反
對與他同時代猶太人的爭議）？[5]以及，在無階級社會中的法律將
會發生何種變化（這正是維辛斯基〔Vyshinsky〕與帕舒卡尼斯

3　阿岡本在《聖／牲人》中對於班雅明和蕭勒姆間的論辯有更詳細的討論，
　　請見阿岡本著，吳冠軍譯，《神聖人》，頁 74-87。
4　參見卡夫卡的短篇小說〈新來的律師〉（Der neue Advokat, 1919）。
5　進一步的討論可參考阿岡本著，莊振華譯，《剩餘的時間：羅馬書評註》
　　（新北市：橄欖出版，2010）。

〔Pashukanis〕之間的論辯）？這些問題就是班雅明透過他對於〈新來的律師〉的解讀所試圖回答的。顯而易見的是，這裡並不涉及一個永遠不會達到其所應導向之目的的過渡階段，此外，它更無關乎一種無限的解構過程（decostruzione）：這樣的過程藉由將法律保持為某種幽靈般的生命，終究無法超克它。[6] 這裡的關鍵是：那不再適用而僅供研讀的法律並非正義，而只是通往它的大門。能夠打開一條通往正義之路的並非法律的撤銷（cancellazione），而是讓它停止活動（disattivazione）與不再運作（inoperosità）——也就是另一種法律的使用方式。而這正是法律效力試圖阻止的：它讓法律得以超越其形式上的懸置而繼續運作。卡夫卡的角色們——這正是他們吸引我們的原因——各個都在與這樣一種例外狀態中的幽靈法律形象周旋著，各自都試圖以他獨特的策略來「研讀它」並解除它，和它「玩耍」。

有一天，人類將可以玩法（giocherà col diritto），就像小孩子玩著不再使用的物品：並非為了回復它們依據準則的使用方式，而是為了一勞永逸地從中解放。這就是人們將在法律之後所發現的：不是某種在法律之前更加專屬和原初的使用價值，而是一種新的用法，而它只能夠誕生於法律之後。同樣的，已經與法相互沾染的使用（uso）本身，也必須從其固有的價值中解放出來。[7] 這個解放就

83

6　阿岡本在這裡顯然不同意德希達在〈法律效力：權威的神祕基礎〉中的觀點。

7　這個關於「用」的主題可進一步參考阿岡本著，邱捷譯，《至高的清貧》（桂林：廣西師範大學出版社，2023）；以及 Giorgio Agamben, *The Use of Bodies*. Translated by Adam Kotsko, Stanford University Press, 2016.

第五章

慶典、喪禮、失序

Festa, lutto, anomia

5.1 古羅馬研究者和法史學家至今仍未能找到一個令人滿意的解釋來說明一個獨特的語義演化：那就是 *iustitium*[1] 這個專門用來指稱例外狀態的術語，究竟如何取得了另一個含意，用來指涉因為君王（sovrano）或其近親之死所舉行的公共喪禮／公祭（lutto pubblico）。事實上，隨著共和的終結，作為對抗動亂而懸置法律的 *iustitium* 就不再存在了，而新的含意竟如此完美地取代了舊的，甚至連對這個簡約嚴苛的制度記憶彷彿都已全然消失。西元四世紀末，文字學家查里西烏斯（Charisius）因此得以單純地將 *iustitium* 和 *luctus publicus* 等同起來。同樣值得注意的是，在尼森與密德爾的專著引發的辯論之後，現代研究者已經完全忽略了作為例外狀態的 *iustitium* 的問題，只全心專注在作為公共喪禮的 *iustitium*（因此塞斯頓〔William Seston〕在他關於日耳曼尼庫斯〔Germanicus〕的葬禮研究中，得以帶著嘲諷的口吻援引這個舊的含意寫道「那場辯論……頗為熱烈，但很快就沒人再想起了」〔Seston, 1962, p. 155〕）。然而，究竟是透過什麼樣的方式，一個原本指涉在最極端迫切的政治局勢中懸置法律的公法用語，可以轉而承載一個家族喪禮的殯葬儀式這種相對無關痛癢的意義呢？

　　在一九八〇年出版的一個廣泛研究中，斐斯內爾（Versnel）嘗試訴諸哀悼／喪禮（lutto）[2] 的現象學與政治危機時期的類比來回答

84

85

1　作者在書中皆直接使用拉丁文 *iustitium* 而未翻譯，譯者則在第三章將其譯為「懸法」。但在本章中，由於這個字具有兩種意涵，因此將視脈絡保留原文，或擇取不同的含意進行翻譯。

2　Lutto 同時具有「喪禮」和「哀悼」的意義。

這個問題。關於前者,人類學文獻已證實在差異極大的不同地區都有類似的現象;至於後者,則在該時期中社會規範與制度彷彿就像是暫時瓦解了一般。正如在失序(anomia)[3]與危機時期,人們目睹到社會正常結構的衰落和社會角色與功能的崩解,而其嚴重程度甚至可以達到受文化制約的行為與習慣完全被顛覆;因此,透過同樣的方式,哀悼/守喪時期往往也具有懸置並翻轉一切社會關係的特徵。「誰若是將危機時期……定義為暫時由失序取代秩序、自然取代文化、混沌(chaos)取代宇宙(kosmos)、自然(physis)取代規範(nomos)、無序(anomia)取代良序(eunomia),他就同時隱含了對於哀悼/守喪期間和其展現方式的定義」(Versnel, 1980, p. 584-5)。根據斐斯內爾的看法(他在此不過只是重述了美國社會學家伯格〔Berger〕和拉克曼〔Luckman〕等人的分析),「所有社會都是面對著混沌建立起來的。每當掩蓋其脆弱性的正當化機制崩解或遭受威脅時,失序恐怖一直存在的可能性就將成為現實」(ibid., p. 585)。

在這裡,不僅 iustitium 從例外狀態到公共喪禮的演變,乃是透過喪禮與失序所展現之特徵間的相似性加以解釋(而這顯然是一種循環論證),甚至接下來對於這種相似性之最終理由的探尋,也是朝向「失序恐懼」(terrore anomico)這樣一種被視為所有人類社會共通特徵的想法。然而,這樣的概念並不適合用來考量這個現象的

3　Anomia 在之前與法律直接相關的脈絡中譯為「無法」或「無法狀態」,而在本章關於社會學—人類學的脈絡中則主要譯為「失序」,或在其他某些脈絡下譯為「無規範」。

特殊之處，就如馬堡（Marburg）神學中的顫畏（*tremendum*）與靈
性體驗（*numinosum*）同樣無法將我們帶向關於神聖性（il divino）
的正確認識。最終，它指向了心理學最幽暗的領域：

喪禮的全部效應（特別當涉及一個首領或國王時），以及週期
性的過渡慶典中所發生的現象……全都符合失序的定義……。
無論在任何地方，我們都可以見到從人到非人、文化到自然
（被視為其反面對造）、宇宙到混沌、以及良序到無序的暫時翻
轉……。悲痛與徬徨的感受，以及其個人性和集體性的表達，
都不只局限在某個特殊文化或特定的文化模式中。由此看來，
這些乃是人性的內在特徵和身為人的處境本身，並且特別表現
在邊緣或閾限情境（situazioni liminari）中。[4] 我因此傾向於同
意特納（V. W. Turner）的看法，當他談到「違反自然／反常
（unnatural）的事件，或者毋寧說反文化或反結構的事件」時
所提示的：「或許佛洛依德和榮格（Jung），以他們各自的方
式，可以告訴我們更多關於如何理解閾限情境中的這些非邏
輯、非理性（non-rational，但並非無理性〔irrational〕）面向的
事」（*ibid.*, p. 604-5）。

4　在人類學中，閾限性（liminality）是指參與者處於通過儀式（rite of passage）
　　中間階段的某種模糊、不確定的狀態。此時參與者已經脫離他原本的社會
　　身分／地位，但尚未取得新的身分地位。這個字源自於拉丁文 *limen*，本
　　意即為門檻／閾（threshold），亦為阿岡本思想的重要概念，本書譯為「閾
　　界」（soglia）。關於閾限性的說明參考 wikipedia，網址：https://en.wikipedia.
　　org/wiki/Liminality，1/29/2023 瀏覽。

※ 這種藉由欠缺批判性的心理學化約來取消 *iustitium* 的法律特性的做法，早在斐斯內爾之前，涂爾幹（Durkheim）已經在他以《自殺》為題的專著（1897）中，將失序的概念引入了人文科學中。透過在其他形式的自殺之外界定出「失序自殺」（suicidio anomico）的範疇，涂爾幹建立起了社會對個人規制作用的減弱和自殺率的增加之間的相關性。這無異於假定（而他對此並未提供任何解釋），人類在他的活動和情感中受到規制的需要：

> 人有一種特徵，就是會受到某種非物理性、而是道德性的拘束，也就是社會性的拘束……。然而，當一個社會遭遇劇烈震盪時，無論是來自痛苦的危機，還是有益但卻太過突然的轉變，它就暫時無法發揮這樣的作用。由此產生了我們已經證實的自殺曲線的驟然升高……。因此，失序是自殺在現代社會中的一個規律而特定的因素。（Durkheim, 1897, pp. 265-70）

透過這種方式，不僅失序與悲痛之間被畫上等號並被視為理所當然（然而，如我們將會看到的，民族學和民俗學文獻所顯示的卻似乎正好相反），失序與法律和社會秩序間所可能具有的更加親密複雜的關係，也因此被事先排除了。

5.2 同樣有所不足的是塞斯頓在數年之後出版的研究結論。當這位作者將元首（principe）[5] 的葬禮搬上檯面並戲劇化為例外狀態時，他

5　關於羅馬帝國初期元首制（principate）的進一步討論請見 6.6-6.7。

似乎考慮到了作為公共喪禮的 *iustitium* 所可能具有的政治意涵：

> 在皇帝的葬禮（funerali imperiali）中仍然殘留著動員的記憶……。
> 透過將喪葬儀式置入某種總動員的架構中，透過暫時懸置日常
> 事務和一般政治生活，國喪（*iustitium*）的宣告試圖將一個人
> 的死亡轉變成整個國家的劇變（catastrofe），一場每個人無論
> 願意與否都被捲入其中的大戲。（Seston, 1962, pp. 171ff.）

　　然而，這個直覺卻依然沒有得到進一步的發展，而對於兩種
iustitium 的形式間的關連性說明，則又再次訴諸預設那仍有待解釋
的現象，也就是一個彷彿從頭到尾都隱含在 *iustitium* 中的哀悼元素
（*ibid.*, p. 156）。

　　對於公共喪禮之政治意涵的凸顯必須歸功於佛拉斯切提
（Augusto Fraschetti）。他在關於奧古斯都（Augustus）的專論中指出：
iustitium 的兩個面向間的關係並不在於極端情境或失序狀態中所謂
的哀悼特徵，而在於主權者的葬禮所可能引發的動亂。佛拉斯切提
在伴隨著凱撒葬禮而爆發的暴力失序中發現了這個關係的起源，而
這些葬禮則被饒富深意地界定為「煽動的葬禮」（Fraschetti, 1990, p.
57）。正如在共和時期，懸法（*iustitium*）乃是對於動亂的自然反應，
「從而透過一種類似的策略 —— 這種策略將奧古斯都家（*domus
Augusta*）的喪禮比擬為整個城邦的劇變 —— 從懸法（*iustitium*）到
公共喪禮的同化也就得到了解釋……。其結果是單一家族的福
（*bona*）與禍（*mala*）變成了國家大事」（*ibid.*, p. 120）。佛拉斯切提

因此信心十足地呈現出：對於奧古斯都而言，如何在一貫的策略下，自從他的外甥馬塞盧斯（Marcellus）之死開始，每當家族陵寢打開時，就意味著必須宣告一次 *iustitium*。

我們當然可以將這個 *iustitium* 與公共喪禮之間的連結看成不過是國家元首將例外狀態占為己有的企圖，藉此將它轉化為他的家務事。然而兩者間的關係卻遠比這樣的看法緊密複雜許多。

讓我們以蘇埃托尼烏斯（Suetonius）對奧古斯都於西元十四年八月十九日在諾拉（Nola）駕崩的著名描述為例。這位年邁的元首，在友人和朝臣的簇擁下，命人拿來一面鏡子，而在將自己的頭髮梳理好、衰垂的雙頰上好妝後，他似乎唯一關心的事就是想知道，自己是否已經扮演好了這齣 *mimus vitae*、他的人生大戲。然而，在這個他所堅持的戲劇隱喻之餘，奧古斯都還不停固執地、甚至近乎蠻橫地追問（*identidem exquirens*，而這就不只是一個政治隱喻了）：*an iam de se tumultus foris fuisset*，現在外頭是否發生了和他有關的動亂？如此一來，失序和哀悼／喪禮之間的對應關係，唯有從主權者之死和例外狀態間的對應關係的角度來看才能夠理解。動亂（*tumulus*）與懸法（*iustitium*）之間的原初連結依舊存在著，只不過動亂現在與主權者之死同時發生，而法的懸置則被整合到喪葬儀式中。彷彿已將一切例外權力都納入其「威嚴」的人格（augusta persona）中的主權者——從永久的護民官權力（*tribunicia potestas perpetua*）到高等及無限的行省執政官統治權（*imperium proconsolare maius et infinitum*），從而可謂成為了一個活的懸法（*iustitium* vivente）——直到死亡的那一刻才顯露出他內在私密的無法特徵，並目睹著動亂與失序從他身

上釋放蔓延到整個城邦。就如尼森在一段清晰的表述中已經洞察到的（而這或許是班雅明關於例外狀態已然成為常規的論點的起源）：「例外措施消失了，因為它已經成為常規」（Nissen, 1877, p. 140）。元首制（il principato）在憲政上的創新之處，因此可被看作是將例外狀態和無法／失序（anomia）直接吸納於主權者的人格中，而主權者則開始將自身從一切受制於法律的關係中解放，得以宣稱自己「不受法律拘束」（legibus solutus）。

89

5.3 這個最高權力的新形象所蘊含的內在私密無法本質，在主權者作為「活的法律」（nomos empsukhos）的理論中清楚地呈現出來，而這個理論則在人們目睹著元首制逐步確立的同一時期，在新畢達哥拉斯學圈內（ambito neopitagorico）得到闡述。「主權者是活的法律」（basileus nomos empsukhos）這個說法出現在戴奧圖真尼斯（Diotogenes）關於主權的論文中，其中只有一部分由斯托比亞斯（Stobaeus）為我們保存下來，而這份文獻對於考察現代主權理論之起源的重要性則不容小覷。然而，文獻考據上經常發生的近視毛病卻阻礙了這篇論文的現代編輯者，讓他無法看見這個說法和主權者的無法特質間顯而易見的邏輯關連，即便這個關連性在文本中已毫無保留地得到肯認。相關的段落（雖然部分遭受損壞，但仍前後一貫），總共分成三點表述：（1）「君王（re）是最正義的（dikaiotatos），而最正義的就是最合法的（nomimōtatos, il più legale）」。（2）「若無正義，則無人可稱王，然而正義無法（aneu nomou dikaiosunē, senza legge）」。德拉特（Delatte）提議在 dikaiosunē 前插入一個否定詞，在考據上

是毫無根據的。(3)「正義的（Il giusto）便是正當的（legittimo），而主權者（sovrano），成為正義之因，乃是活的法律（legge vivente）」（Delatte L., 1942, p. 37）。

「主權者是活的法律」的論點只能夠意味著他不受法律拘束，亦即法的生命在他身上與一種全然的無法狀態相互重疊。戴奧圖真尼斯稍後便毫不含糊地對此給予明確解釋：「因為君王擁有一種無須負責的權力（arkhan anupeuthunon），他本身就是一部活的法律，因此他就像是人中之神」（ibid., p. 39）。然而，正是因為他被等同於法律，他因此也就依然保持著與法律的關係，甚至將自身設定為法秩序的無法基礎。也就是說，主權者與法律之間的等同，代表了同時宣稱主權者的無法特質和他與法秩序的根本連繫的首度嘗試。「活的法律」因此是例外狀態在法的內部與外部建立連結的原初形式，並且在這個意義上構成了現代主權理論的原型。

懸法（iustitium）和哀悼／喪禮間的對應在這裡展現出它真正的意義。如果主權者是活的法律；如果，無法與法因此在他身上毫無殘留地完全重合，那麼當他死亡的那一刻，也就是當將他與法律合而為一的連結被斬斷時，眼看著就要釋放於整個城邦的無政府狀態，就必須被儀式化而加以控制。亦即，必須將例外狀態轉化為公共喪禮，並將喪禮轉化為懸法（iustitium）。相應於法秩序（nomos）與無法／失序（anomia）在主權者活生生的人身上之無可決定性的，正是例外狀態與公共喪禮在城邦中的無可決定性。在採取關於緊急狀態之決定這樣的現代形式前，主權與例外狀態的關係乃是以主權者與無法狀態間的同一性的形式呈現的。主權者，只要他是活的法

律，便是內在私密地無法的（intimamente *anomos*）。在這裡，例外
狀態同樣是法的生命——雖然隱密，但更加真實。

※「主權者是活的法律」的論點是在偽阿契達（Pseudo-Archytas）
的論文〈論法律與正義〉中首度得到表述，並由斯托比亞斯為我們
連同戴奧圖真尼斯關於主權的論文一同保存下來。無論葛魯波
（Gruppe）關於這些論文其實是由一位亞歷山卓（Alexandria）的猶
太人在我們時代的第一個世紀寫就的假設是否正確，可以確定的
是，我們所要處理的乃是在柏拉圖和畢達哥拉斯的範疇掩飾下嘗試
奠定主權概念的一整批文本。這些文本將主權構想為一方面完全擺
脫法律，另一方面其本身就是正當性的泉源。在偽阿契達的文本
中，這樣的構想乃是透過主權者（*basileus*）與官員（*arkhōn*）間的
區分加以表述：前者是法律，後者則只能遵守它。進一步而言，法
律與主權者的同一化則源自於法律本身分裂成一種較高層級的「活
的」法律（*nomos empsukhos*），和另一種從屬於它的成文法（*gramma*）：

> 我說啊，每一個共同體都是由 *arkhōn*（下令的官員）、接受命
> 令的人，和第三種元素，法律，所共同組成。就後者而言，活
> 的法律是主權者（*ho men empsukhos ho basileus*），沒有生命的則
> 是文字（*gramma*）。當法律作為首要元素時，君王合法（legale），
> 官員符應（於法律），受令者自由，而整個城邦幸福。但若是
> 產生偏離，則主權者為暴君，官員不符應於法律，共同體不幸
> 福。（Delatte A., 1922, p. 84）

透過一個複雜的策略，而這個策略與保羅對猶太律法的批判間不無差可比擬之處（這個相近性有時甚至是逐字對應的，例如〈羅馬書〉三章二十一節：*khōris nomou dikaiosunē*〔義在律法外〕；戴奧圖真尼斯：*aneu nomou dikaiosunē*〔正義無法〕；並且在偽阿契達的論文中法律被界定為「文字」，*gramma*，正如在保羅的書信中），無法元素藉由主權者的人格被引入城邦（*polis*）中，卻在表面上絲毫未減損法（*nomos*）的首要性（確實，主權者乃是「活的法律」）。

5.4 無法／失序與法秩序間的隱密連帶可以在另一種現象中彰顯出來：它代表著某種與皇帝的公共喪禮（*iustitium*）對稱、但又在某種程度上正好相反的形象。民俗學家與人類學家長期以來已經非常熟悉那些週期性的節慶（feste），例如古典世界的酒神節（Anthesteria）與農神節（Saturnalia），以及中世紀與現代世界的鬧婚活動（*charivari*）與嘉年華會（carnevale）。這些慶典都以毫無拘束的放任及對日常法律與社會階序的懸置和翻轉為重要特徵。在這些節慶期間——我們可以在不同的時代與文化中發現某些相似的特徵——人們裝扮成動物並模仿其行為、主人服侍奴隸、男人與女人角色互換，而犯罪行為被視為合法，或至少免於處罰。換句話說，它們開啟了一段無法期間，打斷並暫時顛覆了社會秩序。學者們一直難以解釋這些在井然有序的社會中突然爆發的全面失序，尤其為何無論是宗教還是世俗權威，對這些行為都給予相當的寬容。

　　相對於將這些現象原因的解釋重新導向與太陽曆法相關的農耕週期（曼哈特〔Mannhardt〕與佛雷澤〔Frazer〕），或是週期性的淨

化功能（韋斯特馬克〔Westermarck〕）；穆里（Karl Meuli）以他天才般的直覺將失序慶典連結到作為某些古老法律制度特徵的法律懸置狀態，例如日耳曼的失和（Friedlosigkeit），或是古代英國法對於狼人（vargus）的迫害。[6] 在一系列的典範研究中，他顯示出在中世紀關於鬧婚和其他失序現象的描述中所詳列的騷亂與暴力，如何精準複製了失和者（Friedlos）與法外之徒（bandito）被逐出社群的殘酷儀式的不同階段：他們住處的屋頂被掀開並到處破壞，水井被下毒或撒鹽。《佛費耶傳奇》（Roman de Fauvel）曾經描述過這麼一段前所未聞的鬧婚（chalivali）搞怪劇碼：

> 一個人朝著風露出屁股，
>
> 另一個人砸爛了屋頂，
>
> 一個人打破了門窗，
>
> 另一個人朝著井裡撒鹽，
>
> 而另一個把爛泥巴丟到臉上；
>
> 他們真是既恐怖又野蠻。[7]

6　阿岡本在《聖／牲人》中討論了古日耳曼法的「失和者」（Friedlos）與古英國法的「狼人」和羅馬法的「聖／牲人」（homo sacer）之間的親近性：皆為被逐出社群的「法外之徒」，故人人可殺之而無罪。參見 Giorgio Agamben 著，吳冠軍譯，《神聖人》，頁 146-148。

7　原文為：*Li un montret son cul au vent, / Li autre rompet un auvent, / L'un cassoit fenestres et huis, / L'autre getoit le sel ou puis, / L'un getoit le bren aus visages; / Trop estoient lès et sauvages.*（參照英譯本略作修訂）

現在，這段描述不再彷彿只是一場天真無邪的騷動中的一幕，而一個接一個都在《巴伐利亞法》（*Lex Baiuvariorum*）或中世紀城市的刑法典中找到它們的對應和原本脈絡。我們也可以同樣如此看待在面具節和兒童乞討活動中所發生的騷擾行為：孩子們以暴力懲罰那些拒絕履行贈與義務的人，而對此萬聖節只不過勉強保存了一絲殘留的記憶。

> 鬧婚是用來指稱一種古老且廣為流傳的人民公審行為的眾多名稱之一：這些名稱雖然在不同的地方和國家有所差異，但卻皆以相似、若非相同的形式展現。諸如此類的形式也在週期性的面具慶典，和以兒童乞討傳統為其極端分支的其他節慶中被用作儀式性的懲罰。因此，除此之外似乎沒有其他的可能途徑能夠用來解釋像鬧婚這類的現象。更進一步的仔細分析顯示，原本乍看之下粗魯喧鬧的騷擾行為，其實乃是明確界定的傳統習俗和法律形式，經由這些方式，驅逐與流放自從不復記憶的遙遠年代起便被加以執行。（Meuli, 1975, p. 473）

如果穆里的假設是正確的，那麼失序慶典「合法的無政府狀態」所參照的就不再是古老的農耕儀式（這本身什麼也沒解釋），而是以一種諧擬的形式（forma parodica），揭露了內在於法律的無法／失序，以及緊急狀態作為包含於法秩序（*nomos*）核心中的無法驅力。

也就是說，失序慶典指向了某個地帶，其中生命對法律最高度的臣屬被翻轉成為自由與放任，而最不受拘束的無法／失序狀態，

則顯示出它與法秩序之間的諧擬連結。換言之，它指向了作為無法與法之間的無差別闖界的真實例外狀態。在對每一個慶典的喪禮特徵，和每一個喪禮的慶典特徵的展示中，法與無法顯現出了它們之間的距離，以及它們之間的隱密連帶。彷彿法的世界（以及更一般來說，凡是涉及到法律的人類行動場域），最終都呈現為由兩股既連結又對立的張力穿越的力量場域：其中一股從規範朝向無法／失序，另一股則從無法／失序導向法律與規則。由此便產生出一個雙元典範，標示出法律領域所具有的深層曖昧性：一方面，有一股嚴格意義上的規範性**趨勢**（tendenza normativa），致力於將自身結晶化為一套嚴謹的規範體系。然而，它與生命之間的連結卻成為問題，若非毫無可能（某種完美的法律狀態，其中一切事物都由規範加以規定）。另一方面，則有一股無規範的**趨勢**（tendenza anomica），導向了例外狀態或是主權者作為活的法律的想法。而在這股**趨勢**中，則有一種欠缺規範的**法律效力**，其運作純粹只在將生命納入法律之中。

　　失序慶典戲劇化了這個法律體系中無法化約的曖昧性，同時也展現出在這兩股力量的辯證中作為賭注的，正是法律與生命的關係本身。它們歡慶並諧擬地複製了無法／失序狀態，而法律之所以能藉此適用於混沌與生命，唯有透過在例外狀態中將自身化為生命與活潑生動的混亂。或許，更進一步嘗試理解這個具有構成作用之虛構的時刻已然到來：它在連結規範與失序／無規範、法律與例外狀態的同時，也一併確保了法律與生命之間的關係。

94

第六章

權威與權力

Auctoritas e potestas

6.1 在關於羅馬例外狀態的分析中，我們忽略了一個問題：什麼是 95
元老院透過元老院終極諮議（*senatus consultum ultimum*），以及後續
頒布的懸法（*iustitium*），而得以懸置法律的權力基礎呢？可以確定
的是，無論誰是有權宣告懸法的主體，在所有的案例中，懸法都是
「基於元老的權威」（*ex auctoritate patrum*）而宣告的。我們也都知道，
在羅馬用來指稱元老院最專屬之特權的用語，其實既不是統治權
（*imperium*），也不是權力（*potestas*），而是權威（*auctoritas*）。元老權
威（*auctoritas patrum*）因此乃是界定元老院在羅馬憲政中所具有之
特殊功能的詞組。

在這個權威（*auctoritas*）的範疇中——特別是在它與權力
（*potestas*）的對照中——我們發現自己正面對著某種現象，其定義
無論是在法律史中，還是更為普遍地在哲學與政治理論中，都遭遇
到如此難以克服的障礙與困境。「特別困難的是」，一位法國的羅馬
史學者在一九五〇年代初寫道，「將 *auctoritas* 這個觀念的不同法律
面向重新帶回到一個單一概念中」（Magdelain, 1990, p. 685）。而在
同一年代的尾聲，漢娜・鄂蘭因此得以提出以下觀點來展開她的論
文〈何謂權威？〉：權威（autorità）已經如此徹底地「從現代世界
中消失了」，以致於在缺乏任何關於它「真正而無庸置疑」的經驗
的情況下，「這個詞本身便完全籠罩在爭議與混淆之中」（Arendt, 96
1961, p. 91）。而對於這些混淆——以及其中所蘊含的曖昧性而言
——或許沒有比以下事實更確切的證明：鄂蘭著手展開她關於權威
的重新評價的時間點，正好就在阿多諾（Adorno）和弗蘭柯—布倫
斯維克（Else Frenkel-Brunswik）完成他們對「威權主義人格」（person-

alità autoritaria）的正面攻擊的短短數年之後。另一方面，在強烈抨擊「自由主義將權威等同於專制暴政」之餘（ibid., p. 97），鄂蘭或許並未意識到，她正和一位她絕對不會喜歡的作者提出了同樣的指控。

一九三一年，在一本標題具有重要意義的小書《憲法的守護者》（Der Hüter der Verfassung）中，施密特其實已經透過權威（auctoritas）與權力（potestas）間的辯證對立來試圖定義帝國總統在例外狀態中的中立權力。在一段業已預見鄂蘭論述的文字中，他在提到無論布丹（Bodin）還是霍布斯都仍然能夠體認到這個區分的重要性之後，轉而怨嘆道：「現代國家理論已然失去了傳統，從而將權威與自由對立、與民主對立、甚至到了將它與獨裁相互混淆的地步」（Schmitt, 1931, p. 137）。而在一九二八年討論憲法的專書中，儘管尚未提出關於這個對立的定義，施密特就已經指出它對於「國家一般理論的高度重要性」，並透過參照羅馬法來進一步確認其內涵：「元老院擁有權威，而權力與統治權則來自於人民」（Schmitt, 1928, p. 109）。

一九六八年，在施密特八十華誕祝壽論文集（Festgabe）中發表的一篇關於權威概念的研究中，西班牙學者傅祐（Jesus Fueyo）指出：權威（auctoritas）與權力（potestas）——「這兩個表達了羅馬人用來構想其共同體生活之原初意義的概念」（Fueyo, 1968, p. 212）——在現代所遭遇的混淆，以及它們在主權概念中的交會，「乃是造成現代國家理論哲學基礎薄弱的原因」。並且，他隨即補充道，這個混淆「不僅僅是學術性的，同時也被記入了推動現代政治秩序

形成的現實過程中」(*ibid.,* p. 213)。現在,正是這個被記入西方政治的反思與實踐中的「混淆」,是我們必須嘗試加以理解的。

※ 一般都認為 *auctoritas* 的概念是羅馬特有的,就如刻板印象會引用卡修斯(Dio Cassius)來證明它無法被翻譯成希臘文。然而,卡修斯這位羅馬法頂尖專家所說的,其實並非如陳腔濫調所言的無法翻譯,而是這個詞無法「一勞永逸地」翻譯(*hellēnisai auto kathapax adunaton esti*〔Dio. Cass. 55, 3〕)。也就是說,這意味著它每一次都必須根據文本的脈絡而採取不同的語彙轉化成希臘文。基於這個概念的廣泛外延,這點其實相當顯而易見。因此,卡修斯心中所想的並非某種羅馬用語的特殊性,而是將它重新導回單一意義的困難性。[1]

6.2 對這個問題的界定受到以下因素的影響而變得更加複雜: *auctoritas* **的概念涉及到一組相當廣泛的法律現象學,不僅與私法有關,同時也關乎公法。我們最好先從前者著手來展開我們的分析,而後再嘗試驗證是否可能將這兩個面向重新導回某種統一性。**

1　因此作者在本章中大多直接使用拉丁文 *auctoritas* 而未翻譯。另一方面,中國學者黃風則將 *auctoritas* 譯為「准可」(《羅馬法史》,頁 481)或「合法性保證」(《羅馬法辭典》,頁 36),進而將 *auctoritas patrum* 譯為「元老院准可」(同前二出處)。確實,想要使用單一詞彙翻譯這個字將遭遇相當大的困難,但通篇保留原文在中文語境中似乎又不是理想的做法。呼應作者試圖將這個字的不同意涵統整成為一個融貫概念的理論企圖,並讓讀者能夠在不同脈絡中注意到作者使用的乃是單一詞彙,因此本書仍選擇統一使用「權威」一詞進行翻譯,並適時加上引號(特別是在私法的脈絡中)或附上原文提醒讀者留意。

　　在私法領域中，「權威」（auctoritas）是「權威者」（auctor）[2]、也就是具有自主法權（sui iuris）之人（家父〔pater familias〕[3]）的屬性。他透過一個術語的表述——「使我成為權威者」（auctor fio）——介入並賦予一個行為法律上的有效性，而原本這個行為的主體並無法單憑自身就讓法律行為生效。因此監護人的「權威」就使無行為能力人的行為發生效力，而父親的「權威」則「授權」（autorizza）在其權力支配下（in potestate）的兒子的婚姻，亦即，使其生效。透過類似的方式，在一個要式買賣（mancipatio）中，出賣人則有義務協助買受人在對抗第三人的財產返還訴訟中證明（convalidare）他的所有權。

98

　　Auctoritas 源自於動詞 augeo：auctor 是 is qui auget，那擴展（aumenta）、增加或完善另一個人的行為或法律處境者。在他的《詞語彙編》一書關於法律的章節中，班維尼斯特試圖顯示出動詞 augeo、這個在印歐地區明顯屬於表達力量的詞彙，它的原初意義並不只是「增長某個已經存在的事物」，而是「從自己的胸懷（seno）

2　Auctor 和 auctoritas 一樣具有多重意涵。在財產關係中，黃風將其譯為「原主」（auctore），亦即在權利轉讓中的原權利擁有者（參考 Pietro Bonfante 著，黃風譯，《羅馬法教科書》〔北京：中國政法大學出版社，1992，頁 56〕）。基於和前述 auctoritas 相同的考量，本書選擇直譯為「權威者」。

3　家父（pater familias）指的是羅馬家庭的家長。家父不是親屬關係的術語，而是指家中的主權者，亦即不從屬於他人之父權（patria potestas）的自權人（sui iuris），他可能是祖父、父親、丈夫等等。狹義的父權指的是對於直系卑親屬的財產與人身上的權利（包括生殺大權〔ius vitae ac necis〕），廣義的父權則包含夫權（manus），以及對於奴隸的主人支配權（dominica potestas）。參考黃風編，《羅馬法辭典》，頁 197。

中產生某物，使其存在」（Benveniste 1969, vol. 2, p. 148）。然而在古代法中這兩個意義其實一點也不矛盾。事實上，在希臘—羅馬人的世界中，並沒有無中生有的創造（*ex nihilo*），而是每一個創造行為總是涉及到另一個事物，無論是無形的物質還是不完整的存在，讓它得以完善或增長。因此每一個創造總是共同創造，就如每一位作者（autore）總是共同作者。因此就如馬格德林（Magdelain）有力指出的，「權威（*auctoritas*）並非自給自足：無論是授權還是同意，它都預設了一個由它所賦予效力的外在活動」（Magdelain, 1990, p. 685）。因此，彷彿為了讓某個事物可以在法律上存在，就必須存在某種在兩個元素（或兩個主體）間的關係：其中一個擁有「權威」，而另一個則主動採取嚴格意義上的行為。如果這兩個元素或主體完全重合，那麼這個行為就是完整的。但如果兩者之間出現了某種瑕疵或斷裂，那麼就必須由「權威」加以補充，使得行為可以生效。然而「權威者」的「力量／效力」（forza）究竟是從哪裡來的呢？什麼又是這個擴展（*augere*）的權力（potere）？

　　相關的研究已經適切指出，權威（*auctoritas*）與代理（rappre-sentanza）毫無關係。在代理關係中，被委託人或是法定代理人所從事的行為被歸屬於委託人。然而，「權威者」的行為並非奠基於他被賦予的某種代理的法律權力（對於未成年人或無行為能力人的代理）：這個權力直接源自於他作為「父」（*pater*）的身分。透過同樣的方式，出賣人作為「權威者」而介入並捍衛買受人的行為，也與現代意義的擔保權毫無關係。當諾阿耶（Pierre Noailles）在他生命的最後幾年嘗試勾勒出一個 *auctoritas* 在私法中的統一理論時，他

99

因此得以寫道：權威（*auctoritas*）乃是「一個人格、且最初是自然人的固有屬性……它是一種屬於羅馬人的特權，可以在有需要的情況下作為其他人所創造的法律情境的基礎」（Noailles, 1948,p. 274）。「就如同古代法中的一切權能（potenze）」，他接著補充，「無論是家庭的、私人的還是公共的，權威（*auctoritas*）同樣也是按照某種單純的單方權利模式（il modello unilaterale del diritto）而被理解的，其中既無義務也無制裁」（*ibid.*）。然而，光是對於「使我成為權威者」（*auctor fio*）這個慣用語的反思——而並非只是「我是權威者」（*auctor sum*）——便足以使我們注意到，它似乎並非意味著按照自己的意願對於某種權利的行使，而更像是一種非人格性的權能在「權威者」的人格本身中的實現。

6.3 在公法中，則如我們所見，*auctoritas* 被用來指稱元老院最專屬的特權。這個特權的行為主體因此乃是元老們（*patres*）[4]：「元老權威」（*auctoritas patrum*）和「使元老們成為權威者」（*patres auctores fiunt*）則是表述元老院憲政功能的慣用語。然而，法律史學者在定義這個功能時卻一直遭遇困難。蒙森已經察覺到元老院並沒有自己的行動，而只能與行政官員共同行動，或是透過批准法律來完成人民大會（comizi popolari）的決議。[5] 它不能在沒有被官員諮詢的情

4　*Patres* 是 *pater* 的複數型，因此原本指的便是「家父們」。在共和時期，其含意逐漸轉向專指元老院成員，故在此譯為「元老們」。

5　*Comitia* 是全體羅馬公民都有資格參加的會議，主要功能包含審議法律提案、選舉行政官員和進行某些審判。如前所述，元老院、行政官員與人民

況下表達自己的意見，並且，它也只能夠請求或「建議」（consigliare）
——「諮議」（*consultum*）是其專門術語——而這個「建議」則從
未具有絕對的拘束力。*Si eis videatur*，如果他們（行政官員）覺得 100
適當的話，乃是元老院諮議的慣用語。而在元老院終極諮議的極端
情況中，其用語也只是略微加強語氣：*videant consules*（請執政官視
情況妥善處理）。蒙森在表述權威的這個特徵時如此寫道：它「低
於一個命令，又高於一個建議」（Mommsen, 1969, p. 1034）。

可以確定的是，無論經由何種方式，權威（*auctoritas*）都與行
政官員或人民的權力（*potestas*）或統治權（*imperium*）無關。元老
並非行政官員，我們也幾乎從未在他的「建議」中發現用來定義官
員或人民之決定的動詞 *iubere*（命令）。即便如此，透過與私法中的
權威者（*auctor*）形象間強而有力的類比，「元老權威」介入批准了
人民大會的決定，使其具有完整的效力。同一個用語（「使我成為
權威者」），既用來指稱監護人完成未成年人行為的行動，也用來指
稱對於人民決議的元老院批准。此處的類比並不必然意味著人民必
須被視為未成年人，相對於此元老們則作為監護人而行動；重點毋
寧在於，在這個情況中我們同樣可以發現在私法領域中界定完整法
律行為的雙重元素。「權威」與「權力」具有明確的區分，但它們
卻共同構成了一個雙元體系。

大會乃是羅馬共和政體的三大支柱。甚至，在主權屬於全體羅馬人民
（*populus*）的意義上，人民大會具有本源性的意義。參考黃風編，《羅馬法
辭典》，頁 58-59；Giuseppe Grosso 著，《羅馬法史》，頁 177-188；書中將
comitia 譯為「民眾會議」。

※ 那個學者間關於如何試圖將元老權威（*auctoritas patrum*）和私法中的權威者（*auctor*）統一在某個單一典範下的論戰，其實可以輕易地透過以下方式解決：如果我們不將這個類比設想為一個個的行為人態樣，而是兩種元素之間的關係結構本身，經由兩者的結合才構成了一個完整的行為。海因澤（Heinze）在一九二五年出版的一篇對羅馬研究者具有顯著影響力的研究中，便透過以下文字來界定未成年人與人民之間的共通元素：「未成年人與人民都被決定得將自己拘束在某種指導方向（direzoine）下，而他們的這種拘束若是沒有另一個主體的協同是無法產生的」（Heinze, 1925, p. 350）。換言之，在這裡涉及到的並非學者們試圖「透過私法的視角來描繪公法」的某種假定傾向（Biscardi, 1987, p. 119），而是如我們將會看到的，關於法律本質的結構性類比。法律上的有效性（validità giuridica）並非某種人類行為的原初特徵，而是必須透過一種「賦予合法性的權能」（potenza che accorda la legittimità），才能將它傳送到人的行為之中（Magdelain, 1990, p. 686）。

6.4 現在讓我們在這個「賦予合法性的權能」與官員和人民的權力（*potestas*）的關係當中，嘗試對它的本質提出更好的定義。在我們到目前為止對這個關係的理解中尚未考慮到的，正是權威（*auctoritas*）在終極元老院諮議和懸法中所涉及的極端型態。如我們所見，懸法創造出一種真正的法秩序的懸置。尤其是，其中執政官被貶為一般公民（*in privato abditi*），而每個一般公民則彷彿被賦予了統治權般地行動。另一方面，透過一個對稱的反轉，在公元前

二一一年面對漢尼拔人（Hannibal）進逼時，一道元老院諮議便重新恢復了已卸任的獨裁官、執政官和監察官們的統治權（「請讓所有曾經擔任獨裁官、執政官與監察官的人都擁有統治權，直到敵人退出城牆之外」〔Livy 26.10.9〕）。[6] 在極端情況下——換言之，也就是在最能夠定義這個權能之本質的情況下，如果我們的確總是在例外與極端情境中才足以定義一個法律制度最專屬的特徵——權威（auctoritas）似乎是作為一種在權力（**potestas**）產生之處將它懸置，**而在它不再有效之處重新啟動的力量（forza）而採取行動**。它是一種懸置或重啟法律的權力（potere），但並不像法律一樣具有形式上的效力（non vige formalmente come diritto）。

關於這個「權威」與「權力」之間既相互排除又相互補充的關係，我們也可以在另一個制度中發現它，其中元老權威再次展現出它獨特的作用：那就是攝政（interregnum）。甚至在王權結束後，當基於死亡或其他原因導致城邦中沒有任何執政官或其他官員時（除了平民代表外），權威元老們（patres auctores）——亦即同屬某個執政官家族的元老集團，相對於徵補元老（patres conscripti）——就會任命一位攝政王（interrex），以確保權力的延續性。[7] 在這裡所使用

102

6　原文為：*placuit omnes qui dictatores, consules censoresve fuissent cum imperio esse, donec recessisset a muris hostis.*

7　在這裡 *patres auctore* 與 *patres conscripti* 的對比與羅馬共和時期的貴族（*patricii*）與平民（*plebs*）的二元政治結構有關。在羅馬建國初期，唯一能夠參與政治的是構成羅馬人民（*populus Romanus*）的三大部落中，各氏族與家族的家父。他們被稱為 *patres* 或 *patricii*，也是唯一有資格被國王（*rex*）選入元老院的人。進入共和時期後，由於先前許多元老院成員遭到暴君的殺害或

的說法是「共和國回歸元老」（*res publica ad patres redit*），或是「占
卜權回歸元老」（*auspicia ad patres redeunt*）。如同馬格德林所寫的，
「在權力的空窗期（interregno），憲法被懸置了⋯⋯共和國沒有官
員、沒有元老院、也沒有人民大會。於是屬於『元老』（*patres*）的
元老院集團就會聚在一起，主權性地任命第一位攝政王，而他可以
再接著任命自己的繼承人」（Magdelain, 1990, pp. 359ff.）。「權威」
在這裡同樣也展現出它與「權力」之懸置的關連性，以及同時在例
外情境中確保共和國運作的能力。而又再一次的，這個特權乃直接
歸屬於權威元老本身。事實上，第一位攝政王被授予的並非官員的
統治權，而純粹只是占卜權（*ibid.*, p. 356）。當克勞狄（Appius
Claudius）對平民主張占卜權的重要性時，他聲稱占卜權屬於私人
元老（*patres privatim*），屬於一種人格性與排他性的資格：「占卜
權是如此地專屬於我們⋯⋯因此我們作為私人就擁有它」（Livy
6.41.6）。[8] 這個重新啟動缺位的 *potestas* 的權力，並不是一種來自於
人民或官員的法律權力，而是直接源自於元老（*patres*）的人格條件。

流放，因此為了填補這些空缺，武士階級的上層平民開始被選入元老院，
而這群新登錄的元老便被稱為 *conscripti*，故譯為「徵補元老」。相對於此，
原本的元老就稱為 *patres* 或 *patres auctores*，亦即出身貴族而擁有專屬權威
的「權威元老」。參考 William Smith, *A Dictionary of Greek and Roman Antiquities*,
pp. 172-173, 1016。網址：https://penelope.uchicago.edu/Thayer/E/Roman/Texts/
secondary/SMIGRA/home.html，1/30/2023 瀏覽。

8　原文為：*nobis adeo propria sunt auspicia, ut...privatim auspicia habeamus*。此
　　處的「私人」（*privatim*）意指未擔任公職的一般公民（private citizen）。

6.5 權威（*auctoritas*）展現出它懸置法律之特殊功能的第三個制度是「公敵宣告」（*hostis iudicatio*）。在某個羅馬公民因為謀反或叛國而威脅到共和國安全的例外情況中，他可以被元老院宣告為 *hostis*、公敵。「公敵宣告」並不能被簡單等同於一個外敵、*hostis alienigena*，因為後者仍然受到萬民法（*ius gentium*）的一貫保障（Nissen, 1877, p. 27）。相對於此，公敵則完全欠缺任何法律地位，因此可以在任何時候被剝奪財產並置於死地。在這裡遭到權威懸置的並不單純只是法秩序，而是市民法（*ius civis*）、羅馬公民的地位本身。

最後，「權威」與「權力」之間既對抗又互補的關係還顯示在一個術語的特殊性上，而蒙森是第一個注意到的人。「元老院權威」（*senatus auctoritas*）這個詞組在術語意義上乃是用來指稱一種元老院諮議的特殊情況：因為遭到否決權（*intercessio*）的反對而喪失法律效果，所以無論如何都不會被執行的元老院諮議（即便它仍然被如實地載入法令之中，亦即作為「存查的權威」〔*auctoritas perscripta*〕）。也就是說，元老院的權威在這個時候才以它最純粹清晰的形式顯現出來：當它被某位行政官員的權力（*potestas*）宣告失效時，當它僅僅作為文字而存在、從而與法的效力（vigenza del diritto）形成絕對的對比時。權威在這一瞬間展現出了它的本質：能夠同時「賦予合法性」和懸置法律的權能，只有在它最沒有法律效能（massima inefficacia giuridica）的那一點上，才顯示出它最專屬的特質。這就是如果法律被完全懸置時，它所殘留下來的事物（在這個意義上，在班雅明對於卡夫卡寓言的解讀中，它將不再是法律，而是生命，在每一點上都與生命無可區分的法律）。

103

6.6 或許是在「元首權威」（*auctoritas principis*）中——也就是在《功績錄》（*Res gestae*）的一個著名段落中，奧古斯都主張權威（*auctoritas*）作為元首（*princeps*）之特殊地位基礎的那一刻——我們對於這個獨一無二的特權的意義才能得到更好的理解。[9] 在這裡有一件事非比尋常：一九二四年安卡拉銘文（*Monumentum Antiochenum*）的出版，正好與現代關於權威（*auctoritas*）研究的復興同時發生，使我們得以更加精確地重構相關段落。那麼在這裡牽涉到的究竟是什麼呢？那是一系列拉丁銘文的片段，其中包含了《功績錄》第三十四章的一個段落，其完整記載原本只有希臘文的版本可資佐證。蒙森曾經透過以下這些詞彙來重構原本的拉丁文本：從那時起，我便以尊嚴勝過了眾人，即使我並沒有比擔任其他官職的同僚們擁有更多的權力。[10] 然而，安卡拉銘文顯示：奧古斯都所寫的並非尊嚴（*dignitate*），而是權威（*auctoritate*）。在一九二五年評論這份新資料時，海因澤寫道：「我們所有語文學者都該為盲目遵從蒙森的權威而感到羞愧：權力（*potestas*）、也就是行政官員的法律權力，在這個段落中唯一

9　*Princeps* 的本意是「第一人」或「領導者」，作為稱號則源自於羅馬共和的 *princeps senatus*，即「元老院首席議員」。奧古斯都援用這個稱號以保持共和政體的形式，儘管他實際上已掌有相當於君主的權力。直到戴克里先（Diocletian）在位時（西元 284-305）才廢除這個稱號而改為 *dominus*（主宰），因此一般將從奧古斯都到戴克里先的這段期間稱為「元首制」（*principatus*, principate）時期。參考線上大英百科全書：Britannica, The Editors of Encyclopaedia. "princeps". *Encyclopedia Britannica*, 3 Apr. 2018, https://www.britannica.com/topic/princeps. 1/30/2023 瀏覽。

10　原文為：*post id tempus praestiti omnibus dignitate* (axiōmati), *potestatis autem nihil amplius habui quam qui fuerunt mihi quoque in magistratu conlegae*。

可能的對立概念並非尊嚴（*dignitas*），而是權威（*auctoritas*）」（Heinze,
1925, p. 348）。

就如事情多半都這樣發生，而學者也不乏如此見識：這個概念
的重新發現（在接下來的十年間出現了不下於十五篇關於權威
〔*auctoritas*〕的重要論文），恰恰同步於威權主義原則（principio autoritario）在歐洲社會政治生活中逐步增長的重要性。一九三七年，一
位德國學者寫道，「權威（*auctoritas*），也就是我們現代威權主義國
家公法中的基本概念，不只是在文字上、也包含從內容的觀點而
言，皆唯有從元首制時期的羅馬法出發才能夠加以理解。」（Wenger,
1939, p. 152）即便如此，這個在羅馬法與我們政治經驗之間的連
結，可能正是仍有待我們進一步探索的問題。

6.7 讓我們現在重新回到《功績錄》的相關段落。這裡的關鍵
在於：奧古斯都並非透過與權力（*potestas*）相關的明確用語來定義
他所擁有的憲政權力的特殊性——對此他宣稱和那些一起擔任行政
官職的同僚們共享——而是透過那些與權威（*auctoritas*）相關之較
為空泛的用語加以定義。元老院於西元前二十七年一月十六日賦予
他的「奧古斯都」（*Augustus*）稱號的含意，則完全與他的宣稱相符：
這個稱號源自於和 *augeo* 及 *auctor* 相同的字根，並且正如卡修斯所
點出的，這個稱號「並非意指一種權力（*potestas*〔*dunamis*〕）……
而是彰顯出權威（*auctoritas*）的光輝（*tēn tou axiōmatos lamprotēta*）」
（53.18.2）。

在同一年一月十三日頒布的詔令中，奧古斯都宣告他回復共和

105

憲政的意向，並將自己界定為「最高位階的權威者」（*optimi status auctor*）。一如馬格德林敏銳指出的，這裡的 *auctor* 一詞並不具有「創立者」（fondatore）的一般意義，而是「要式買賣保證人」的術語意義。正是因為奧古斯都將共和的回復理解為將「公共之物／共和國」（*res publica*）從他的手中移交給人民和元老院（參見《功績錄》34.1），因此不無可能

> 在「最高位階權威者」（*auctor optimi status*）的用語中……「權威者」（*auctor*）一詞具有相當明確的法律意涵，並指向公物／共和國（*res publica*）之移轉的想法……。奧古斯都因此就像是被移交給人民和元老院之諸多權利的保證人（*auctor*），如同在一個要式買賣中，出賣人（*mancipio dans*）乃是買受人（*mancipio accipens*）就移轉之物取得之權能的保證人（*auctor*）。（Magdelain, 1947, p. 57）

無論如何，我們一般習慣透過「皇帝」（imperatore）這個詞來加以定義的羅馬元首——這個詞回溯到的是行政官員的統治權（*imperium*）——並不是一種行政官職，而是一種權威（*auctoritas*）的極端形式。海因澤精準地界定了這兩者的對立：「每一個行政官職都是一種預先設定好的形式，它可以由個人進駐並構成其權力來源。相反的，權威則源自於人格（persona），彷彿某種由其構成、僅在其中存在、並隨其而消失的事物」（Heinze, 1925, p. 356）。儘管奧古斯都從人民和元老院那裡得到了所有的官職，然而權威卻僅

繫於他的人格，並將他建構成為「最高位階的權威者」，作為合法
化並擔保羅馬整體政治生活的人。

　　由此產生了他的人格的特殊地位，而這個特殊性表現在一件其
重要性尚未被研究者充分體認到的事情上。卡修斯告訴我們，奧古
斯都「將他的整個家宅公開（*tēn oikian edēmosiōse pasan*）⋯⋯藉此
同時居住在公共與私人空間之中（*hin' en tois idiois hama kai en tois
koinois oikoiē*）」（55.12.5）。在這裡，正是他所體現的權威、而非他
被授予的官職，使得從他身上獨立出某種像是私生活與私宅（*domus
private*）的事物變得不再可能。我們也必須根據同樣的意義來解釋
另外一件事：在奧古斯都位於帕拉帝諾（Palatino）的家中所供奉的
維絲坦（Vesta）[11] 神像（*signum*）。佛拉切斯提適切地指出，基於祭
拜維絲坦和祭拜羅馬人的眾多公共家神（Penati pubblici）[12] 之間的
緊密連結，以下這件事的意義重大：奧古斯都家的家神被認同為羅
馬人民的家神，並且因此「一個家的私人祭拜⋯⋯和在城邦中最典
型的社群祭拜（拜維絲坦和羅馬人的公共家神），在奧古斯都家中
彷彿可以實際上合而為一（omologare）」（Fraschetti, 1990, p. 359）。
換言之，「威嚴」（augusta）的生活不再能夠如同一般公民的生活，

11　羅馬神話中掌管爐灶的女神。

12　Penati（Penates 或 Di Penates）是羅馬人家庭守護神的總稱，並無確切的
　　數量和身分，但與灶神維絲坦密切相關。公共的家神（Penates Publici）則
　　是整個羅馬的守護神，其祭拜成為羅馬人的愛國主義和民族主義的重要成
　　分。參考線上大英百科全書：Britannica, The Editors of Encyclopaedia. "Penates".
　　Encyclopedia Britannica, 1 Nov. 2016, https://www.britannica.com/topic/
　　Penates. 1/31/2023 瀏覽。

得以透過公／私的對立加以界定。

※ 我們應該從這個角度重新閱讀坎托羅維奇（Kantorowicz）的「國王的兩個身體」的理論，以進一步釐清其中的某些觀點。坎托羅維奇在他所試圖重構的英國與法國君主制學說中普遍低估了羅馬先例的重要性，因此並未將權威與權力的區分與國王的兩個身體的問題、以及「尊嚴不死」（*dignitas non moritur*）的原則關連起來。然而正是因為君王／主權者（sovrano）先是具體化了權威、而非單純的權力，權威才如此緊密地與他的人身（persona fisica）綁在一起，導致必須在擬像葬禮（*funus imaginarium*）中製作一個君王複製蠟像的複雜儀式。一個行政官職的結束本身則完全不涉及任何關於身體的問題：一位官員可以接替另一位官員而毋須預設職位的不朽。唯有因為從羅馬元首開始，君王／主權者在他的人格之中表現了權威，唯有因為在「威嚴」的生活中，公與私進入了一個絕對無可區分的地帶，才產生了區分兩個身體以確保尊嚴的延續之必要（尊嚴〔*dignitas*〕完全只是權威〔*auctoritas*〕的同義詞）。

　　若想理解像是法西斯的統領（Duce）和納粹的領袖（*Führer*）這樣的現代現象，十分重要的一點是不要忘了它們和「元首權威」原則之間的延續性。一如我們已經看到的，無論統領還是領袖代表的都不是一種官職或憲法明訂的公職——即便墨索里尼和希特勒分別獲得了政府首長和帝國總理的職位，就如奧古斯都得到了執政官的統治權或是護民官的權力。相對於此，統領或領袖的特質乃直接連

結於人身，從而屬於權威（*auctoritas*）的生命政治傳統，而非權力（*potestas*）的法律傳統。

6.8　重要的是，現代的研究者竟然如此輕易接受這樣的宣稱：權威（*auctoritas*）乃直接內在於家父或元首的活的人格（persona vivente）之中。這樣一種顯然只是用來奠定權威相對於權力的優越性，或至少是特殊地位的意識形態或虛構，於是就成為了一種法律內在於生命的形象。而這件事恰好就發生在威權主義原則透過法西斯主義和國家社會主義，在歐洲經驗到出乎意料的重新復甦的年代，則絕非偶然。即使顯然不會有某種由奧古斯都、拿破崙或希特勒一個接著一個體現出的永恆人格類型，而只有或多或少相似的法律裝置、在或多或少不同的情境中被運用（例如例外狀態、懸法、元首權威、或是領導權〔*Führertum*〕）——即便如此，在一九三〇年代，特別是（但不只是）在德國，韋伯所定義的「魅力型」（carismatico）權力依然被連結到權威（*auctoritas*）的概念，並在領導權的學說中被闡述為領導者原初和個人性／人格性的權力（potere personale）。一九三三年，在一篇試圖初步界定國家社會主義基本概念的短文中，施密特因此嘗試透過「領導者與追隨者之間的血統／世系（stirpe）同一性」來界定領導（*Führung*）的原則（在此可以看到他對於韋伯概念的引用）。一九三八年則出版了柏林法學家特利沛（Heinrich Triepel）的專書《領導》（*Die Hegemonie*），對此施密特迫不及待地寫下書評。　在這本書的第一節，作者提出了一個關於領導權的理論，將其闡釋為一種並非奠基於既存體制、而是奠基於人格魅力的

108

權威（autorità）。領袖（*Führer*）在這裡乃是透過心理學的範疇加以界定（擁有充滿活力、自覺和創造力的意志），並特別強調他與社會群體間的一體性，以及他的權力的原初性和人格性特徵。

接著在一九四七年，輩分極高的羅馬研究者德法蘭奇琪（Pietro De Francisci）出版了《統治權的奧祕》（*Arcana imperii*），其中花了相當大的篇幅分析權力的「原初／首要類型」（tipo primario）。透過試圖藉由某種委婉的說法與法西斯主義保持距離，他將這種權力定義為「領導權」（*ductus*，而統領〔*ductor*〕則是體現此一權力的首領）。德法蘭奇琪將韋伯的權力三分法（傳統型、法制型、魅力型），轉化為由權威／權力（autorità/potestà）的對立所凸顯的二分法。「統領」或「領袖」的權威絕非衍生性的，而總是原初性的，並自其人格之中湧現。此外，權威就其本質而言並非強制性的，而是如特利沛所指出的，其實奠基於同意和對於某種「價值優越性」的自由承認上。

然而，無論是特利沛還是德法蘭奇琪，雖然納粹與法西斯的統治技術就近在眼前，卻似乎都沒有察覺到他們所描述的權力的原初展現，其實來自於法秩序的懸置或失效（neutralizzazione）——也就是說，最終而言，來自於例外狀態。而所謂的「魅力」（carisma），亦如對保羅「恩寵」（*charis*）概念的參照——而韋伯對此知之甚詳——足以顯示的，其實同步發生於法律的失效，而非某種更為原初的權力形象。

無論如何，這三位作者似乎都毫無疑問而視為理所當然的，正是這個威權—魅力型的權力就如此神奇地從領袖的人格本身湧現。

就此而言，似乎沒有什麼能夠比這件事更強而有力地肯認法律的以下宣稱：它在某個關鍵點上與生命重合。在這個意義上，權威（*auctoritas*）的學說至少有部分和將法律視為最終與生命／生活（*vita*）同一、或具有直接關連的法律思想傳統有所交集。對於薩維尼（Savigny）的格言「法律只不過是從某個特定觀點加以考量的生活」，二十世紀的史梅德（Rudolf Smend）也提出相應的論點：「規範是從生活及其被賦予的意義中獲得它的效力基礎（*Geltungsgrund*）、特定性質和效力的意義；就如反過來說，生活也只能從它被規範和賦予的生命意義（*Lebensinn*）出發來理解。」（Smend, 1956, p. 300）就如在浪漫主義的意識形態中，某種像是語言的事物唯有在與一個民族（un popolo）的直接關係中才能得到完整的理解（反之亦然），因此法律與生命／生活也必須在一種相互奠基的關係中緊密地相互蘊含。權威與權力之間的辯證所表達的正是這個蘊含——就此而言，我們可以說權威的典範具有某種生命政治的原初特徵。規範之所以能夠適用於正常個案，並且能夠在被懸置的情況下不至於讓法秩序完全取消，正是因為透過權威或主權決定的形式，它直接指涉生命，從生命之中湧現。

6.9 或許到了現在這個點上，我們可以回頭省視至今跋涉過的旅程，嘗試從我們對例外狀態的考察中獲取某些暫時的結論。西方的法律體系在這裡呈現出一種雙元結構，由兩種異質卻又協調的元素所組成：一種是嚴格意義上的規範和法律元素——為了方便起見我們可以將它置於「權力」（*potestas*）的標記下——另一種則是無規

範（anomico）和超法律（metagiuridico）的元素——我們可以用「權威」（*auctoritas*）這個名字來稱呼它。

　　一方面，規範元素需要無規範元素才能讓自己得以適用；另一方面，權威也唯有在使權力生效或懸置的關係中才得以肯認自身。正是因為建立在這兩種以某種方式相互拮抗、卻又在功能上彼此連結的元素的辯證上，古代法律的棲所相當脆弱，並在勉力維持自身秩序的緊張狀態中，總是已經步向崩壞與衰敗。例外狀態正是最終必須將法律—政治機器的這兩部分接合維繫在一起的裝置。為了達到這個目的，它在無法／失序（anomia）與法秩序（*nomos*）、生命與法律、權威與權力之間設置了一道無可決定的閾界。它將自身奠基於一個根本的虛構／擬制（finzione）上，而從這個虛構／擬制的角度看來，無法／失序——在權威、活的法律或法律效力的形式中——仍然關連於法秩序，而懸置規範的權力則直接掌握了生命。只要這兩種元素之間可以維持某種關連性，但在概念、時間和主體上加以區分——就像在羅馬共和中元老院與人民的對立，或是中世紀歐洲的精神權力與世俗權力的對立——它們之間的辯證即便奠基在一個虛構上，就依然可以某種程度上持續運作。然而，一旦當它們傾向於重合在一個單一人格中，一旦例外狀態成為常規（在其中它們相互連結而不再能夠彼此區分確定〔si indeterminano〕），那麼法律—政治系統就將自我轉化為一部致命的機器。

6.10 這個考察的目的——在「我們生存其中」的例外狀態的迫切性中——在於將那支配著我們時代最極致之「統治權奧祕」（*arcanum* *imperii*）的虛構攤開在陽光底下。那存放在權力的「法櫃」（arca）核心的事物便是例外狀態──然而這基本上是一個空無一物的空間：其中一種與法無關的人類行動，面對著一種與生命無關的規範。

　　然而，這並不意味著這部空心的機器沒有效力。相反的，我們所試圖顯示的，正是這部機器已經毫無間斷地從一次世界大戰開始，歷經法西斯與國家社會主義，一直運作到我們的時代。事實上，例外狀態如今已然達到前所未有的全球性擴散。法律的規範面可以被一種治理暴力在對外忽視國際法、對內創造出永久例外狀態的情況下，絲毫不受制裁地抹銷和抵觸。即便如此，它卻仍然宣稱自己在適用法律。

　　在這裡我們必須做的，自然不是將例外狀態重新帶回到它透過時間與空間所界定的界限中，進而重新肯認規範與法律的首要性──最終而言，規範與法律的基礎本身也在於例外狀態。從我們生存其中的真實例外狀態，已不再可能重新回到法的狀態／法治國家（stato di diritto），因為如今的爭議所在正是「國家」與「法律」的概念本身。但如果有可能嘗試讓這部機器停止運轉，呈現出其核心的虛構，那是因為在暴力與法律、生命與規範之間，並不存在任何實質的連結。在那不計一切代價試圖將兩者保持關係的運動旁，有一股反抗運動，藉由在法律與生命之中的反向操作，總是試圖將那被人為和暴力地連結在一起的事物鬆解開來。換言之，在我們文化的張力場域中，有兩股相反的力量在作用著：一股建制與創設，另一股解除與罷黜。例外狀態便是它們之間張力最強之處。然而，當例外狀態與常規重合時，同樣也是使得它們如今無法被清楚辨識的

所在。生存在例外狀態中，因此意味著同時經驗到這兩種可能性，進而透過每一次都將這兩股力量區分開來，努力不懈地嘗試阻斷這部機器的運作，而這部機器正將整個西方帶向世界內戰的境地。

112　**6.11** 如果真的在生命與法律、無法／失序（anomia）與法秩序（*nomos*）之間，透過例外狀態所產生的接合，即便是虛構的，但依然有效，我們仍然無法得到這樣的結論：在法律裝置之前或之後的某處，有一條可以直達某種事物的通道，而法律裝置同時再現了它的斷裂，以及結合的不可能。並非首**先**存在著作為自然生物性之既存事物的生命，以及作為自然狀態的無法／失序，**而後**它們才透過例外狀態被捲入法律之中。相反的，區分生命與法律、無法失序與法秩序的可能性本身，正與它們在生命政治機器中的接合同時存在。單純／赤裸的生命（nuda vita）乃是這部機器的產物，而非某種先於它的事物，正如法律在自然或神的心中並沒有法庭（assise）。生命與法律、無法失序與法秩序、權威（*auctoritas*）與權力（*potestas*）實源自於某物的斷裂，然而若要觸及它，除了經由將這些斷裂連結起來的虛構外，除了透過一點一滴地揭穿這個虛構，將它所宣稱連結的事物分離開來，我們也別無它途。即便如此，除魅並非將著魔之物重新回復到它的原初狀態：根據純粹性從未存在於起源的原則，除魅只賦予它通向一個新境界的可能性。

在法律與生命的非關係（non-relazione）中呈現出法律，同時也在生命與法律的非關係中呈現出生命：這意味著在它們之間為人的行動打開一個空間，而這樣的行動曾一度自命為「政治」。政治

已然因為與法律間的相互沾染而長期黯然失色：在最好的情況下，它也只不過將自己理解為制憲權（也就是制定法律的暴力），如果尚未單純地自我窄化為與法協商的權力。然而，唯有斬斷暴力與法律之連結的行動，才是真正的政治。也唯有從由此打開的空間出發，才有可能提出以下問題：當在例外狀態中將法律連結於生命的裝置解除之後，法律的可能之用。到了那個時候，一種「純粹」的法將會出現在我們面前，其意義就如同班雅明所說的「純粹」語言和「純粹」暴力。相應於一種無拘束力的話語——其既不命令、也不禁止，而只是說出自身——將會產生一種作為純粹手段的行動，完全只展現自身而無關乎任何目的。而在這兩者之間，並非某種失落的原初狀態，只有那法律與神話的權能曾在例外狀態中試圖捕捉的使用，和人的實踐。

113

參考書目[1]

1　對照原著書目資訊後，參照英譯本格式編列。

Arangio-Ruiz, Gaetano. 1913. *Istituzioni di diritto costituzionale italiano.* Reprint, Milano: Bocca, 1972.

Arendt, Hannah. 1961. *Between Past and Future.* New York: Viking.

Balladore-Pallieri, Giorgio. 1970. *Diritto costituzionale.* Milano: Giuffrè.

Bengel, Johann Albrecht. 1734. *Vorrede zur Handausgabe des griechischen N. T.*

Benjamin, Walter. 1921. Zur Kritik der Gewalt. In Tiedemann and Schweppenhäuser, *Gesammelte Schriften.* Frankfurt am Main: Suhrkamp, 1972-1989, vol. 2, pt. 1.

————. 1928. *Ursprung des deutschen Trauerspiels.* In Tiedemann and Schweppenhäuser, *Gesammelte Schriften*, vol. 1, pt. 1 (and vol. 1, pt. 3).

————. 1931. Karl Kraus. In Tiedemann and Schweppenhäuser, *Gesammelte Schriften*, vol. 2, pt. 1.

————. 1934. Franz Kafka. In Tiedemann and Schweppenhäuser, *Gesammelte Schriften*, vol. 2, pt. 2.

————. 1942. Über den Begriff der Geschichte. In Tiedemann and Schweppenhäuser, *Gesammelte Schriften*, vol. 1, pt. 2.

————. 1966. *Briefe.* 2 vols. Ed. Gershom Scholem and Theodor W. Adorno. Frankfurt am Main: Suhrkamp.

————. 1992. Notizen zu einer Arbeit über die Kategorie der Gerechtigkeit. *Frankfurter Adorno Blätter* 4.

Benveniste, Émile. 1969. *Le Vocabulaire des institutions indo-européennes.* 2 vols. Paris: Minuit.

Biscardi, Arnaldo. 1987. *Auctoritas patrum: Problemi di storia del diritto pubblico romano*. Napoli: Jovene.

Bredekamp, Horst. 1998. Von W. Benjamin zu C. Schmitt. *Deutsche Zeitschrift für Philosophie* 46.

Delatte, Armand. 1922. *Essai sur la politique pythagoricienne*. Paris: Liège.

Delatte, Louis. 1942. *Les traités de la royauté d'Ecphante, Diotogène et Sthénidas*. Paris: Droz.

De Martino, Francesco. 1973. *Storia della costituzione romana*. Napoli: Jovene.

Derrida, Jacques. 1994. *Force de loi*. Paris: Galilée.

Drobisch, Klaus, and Wieland, Günther. 1993. *System der NS-Konzentrationslager 1933-1939*. Berlin: Akademie.

Duguit, Léon. 1930. *Traité de droit constitutionnel*, vol. 3. Paris: de Boccard.

Durkheim, Émile. 1897. *Le Suicide. Étude de sociologie*. Paris: Alcan.

Ehrenberg, Victor. 1924. Monumentum Antiochenum. *Klio* 19, pp. 200 ff.

Fontana, Alessandro. 1999. Du droit de résistance au devoir d'insurrection. In *Le droit de résistance*, ed. Jean-Claude Zancarini. Paris: ENS.

Fraschetti, Augusto. 1990. *Roma e il principe*. Rome-Bari: Laterza.

Fresa, Carlo. 1981. *Provvisorietà con forza di legge e gestione degli stati di crisi*. Padova: CEDAM.

Friedrich, Carl J. [1941] 1950. *Constitutional Government and Democracy*. 2nd ed. Boston: Ginn.

Fueyo, Jesus. 1968. Die Idee des "Auctoritas": Genesis und Entwicklung. In *Epirrrhosis. Festgabe für Carl Schmitt*, ed. Hans Barion. Berlin: Duncker & Humblot.

Gadamer, Hans-Georg, 1960. *Wahrheit und Methode.* Tübingen: Mohr.

Hatschek, Julius. 1923. *Deutsches und Preussisches Staatsrecht.* Berlin: Stilke.

Heinze, Richard. 1925. Auctoritas. *Hermes* 60, pp. 348 ff.

Kohler, Josef. 1915. *Not kennt kein Gebot.* Berlin-Leipzig: Rothschild.

Magdelain, André. 1947. *Auctoritas principis.* Paris: Belles Lettres.

————. 1990. *Ius Imperium Auctoritas. Études de droit romain.* Rome: École française de Rome.

Mathiot, André. 1956. La théorie des circonstances exceptionnelles. In *Mélanges Mestre.* Paris: n.p.

Meuli, Karl. 1975. *Gesammelte Schriften.* 2 vols. Basel-Stuttgart: Schwabe.

Middell, Emil. 1887. *De iustitio deque aliis quibusdam iuris publici romani notionibus.* Minden, Germany: Bruns.

Mommsen, Theodor. 1969. *Römisches Staatsrecht.* 3 vols. Reprint, Graz: Akademische Druck (Orig. pub., Berlin, 1871).

Nissen, Adolph. 1877. *Das Iustitium. Eine Studie aus der römischen Rechtsgeschichte.* Leipzig: Gebhardt.

Noailles, Pierre. 1948. *Fas et Ius. Études de droit romain.* Paris: Belles Lettres.

Plaumann, Gerhard. 1913. Das sogennante Senatus consultum ultimum, die Quasidiktatur der späteren römischen Republik. *Klio* 13.

Quadri, Giovanni. 1979. *La forza di legge*. Milan: Giuffrè.

Reinach, Theodor. 1885. *De l'état de siège. Étude historique et juridique*. Paris: Pichon.

Romano, Santi. 1909. Sui decreti-legge e lo stato di assedio in occasione dei terremoti di Messina e Reggio Calabria, in *Rivista di diritto pubblico*. In *Scritti minori*. Vol. 1. Reprint, Milan: Giuffrè, 1990.

————. 1983. *Frammenti di un dizionario giuridico*. Milan: Giuffrè.

Roosevelt, Franklin D. 1938. *The Public Papers and Addresses*. Vol. 2. New York: Random House.

Rossiter, Clinton L. 1948. *Constitutional Dictatorship: Crisis Government in the Modern Democracies*. New York: Harcourt Brace.

Saint-Bonnet, François. 2001. *L'état d'exception*. Paris: Presses Universitaires de France.

Schmitt, Carl. 1921. *Die Diktatur*. Munich-Leipzig: Duncker & Humblot.

————. 1922. *Politische Theologie*. Munich-Leipzig: Duncker & Humblot.

————. 1928. *Verfassungslehre*. Munich-Leipzig: Duncker & Humblot.

————. 1931. *Der Hüter der Verfassung*. Tübingen: Mohr.

————. 1995. *Staat, Großraum, Nomos*. Berlin: Duncker & Humblot.

Schnur, Roman. 1983. *Revolution und Weltbürgerkrieg*. Berlin: Duncker & Humblot.

Schütz, Anton. 1995. L'immaculée conception de l'interprète et l'émergence du système juridique: À propos de fiction et construction en droit. *Droits* 21.

Seston, William. 1962. Les chevaliers romains et le iustitium de Germanicus, in *Revue historique du droit français et étranger*. In *Scripta varia*. Reprint, Rome: École française de Rome, 1980.

Smend, Rudolph. 1956. Integrationslehre. In *Handwörterbuch der Sozialwissenschaften*. Vol. 5. Stuttgart: Fischer; Tübingen: Mohr; Göttingen: Vandenhoeck & Ruprecht.

Spinoza, Baruch. 1967. *Court Traité de Dieu, de l'homme et de son état bienheureux*. Paris: Gallimard, «La Pléiade».

Taubes, Jacob. 1987. *Ad Carl Schmitt. Gegenstrebige Fügung*. Berlin: Merve.

Tingsten, Herbert. 1934. *Les pleins pouvoirs. L'expansion des pouvoirs gouvernementaux pendant et après la grande guerre*. Paris: Stock.

Versnel, H. S. 1980. Destruction, *devotio*, and despair in a situation of anomy: The mourning of Germanicus in triple perspective. In *Perennitas. Studi in onore di Angelo Brelich*. Rome: Edizioni dell'Ateneo.

Viesel, Hansjörg. 1988. *Jawohl, der Schmitt. Zehn Briefe aus Plettenberg*. Berlin: Support.

Wagenvoort, H. 1947. *Roman Dynamism*. Oxford: Blackwell.

Watkins, Frederick M. 1940. The Problem of Constitutional Dictatorship. *Public Policy* 1.

Weber, Samuel. 1992. Taking exception to decision: W. Benjamin and C.

Schmitt. In *Walter Benjamin*, ed. Uwe Steiner. Bern: Lang.

Wenger, Leopold. 1939. Römisches Recht in Amerika. In *Studi di storia e diritto in onore di Enrico Besta*. Vol. 1. Milan: Giuffrè.

春山之巔　O24

例外狀態
Stato di eccezione

作　　者　喬吉歐·阿岡本 Giorgio Agamben
譯　　者　薛熙平
總 編 輯　莊瑞琳
責任編輯　吳崢鴻
行銷企畫　甘彩蓉
業　　務　尹子麟
封面設計　盧卡斯
內文排版　藍天圖物宣字社
出　　版　春山出版有限公司
　　　　　地址：11670 台北市文山區羅斯福路六段297號10樓
　　　　　電話：02-29318171
　　　　　傳真：02-86638233
法律顧問　鵬耀法律事務所戴智權律師
總 經 銷　時報文化出版企業股份有限公司
　　　　　地址：33343桃園市龜山區萬壽路二段351號
　　　　　電話：02-23066842
製　　版　瑞豐電腦製版印刷股份有限公司
印　　刷　搖籃本文化事業有限公司
初版一刷　2023年12月

定　　價　新臺幣360元
I S B N　978-626-7236-78-9（紙本）
　　　　　978-626-7236-80-2（PDF）
　　　　　978-626-7236-81-9（Epub）

有著作權 侵害必究（若有缺頁或破損，請寄回更換）

填寫本書線上回函

STATO DI ECCEZIONE. Homo sacer II, 1
© 2003 by Giorgio Agamben. First published by Bollati Boringhieri editore, Torino
Complex Chinese translation copyright © 2023 by SpringHill Publishing
Published by arrangement with Agnese Incisa Agenzia Letteraria.
ALL RIGHTS RESERVED

Email　　　SpringHillPublishing@gmail.com
Facebook　www.facebook.com/springhillpublishing/

國家圖書館出版品預行編目資料

例外狀態／喬吉歐·阿岡本（Giorgio Agamben）著；薛熙平譯. -- 初版. -- 臺北市：
春山出版有限公司, 2023.12
　　面；14.8×21公分. --（春山之巔；24）
譯自：Stato di eccezione
ISBN 978-626-7236-78-9（平裝）

1.CST：國家理論　2.CST：政治思想　3.CST：戒嚴

112019482

World as a Perspective

世界作為一種視野